U1001473

意艺非凡

Arte Italiana Straordinario

王晓林 绘著

浙江工商大学出版社 ZHEJIANG GONGSHANG UNIVERSITY PRESS | 杭州

前 言

“来一场说走就走的旅行”——很多人喜欢用这个概念表达自己的洒脱，我其实不太认同这样的玩法，特别是出国旅行。我更喜欢提前几个月事无巨细地做各项安排，就是大家常说的“攻略”，同时用出行前的这段时间去阅读一下相关目的地国家的一些简史以及艺术名人的故事。

说到这次德国、意大利之旅，2015年10月开始计划。在办理签证期间，法国于12月发生了一次恐怖袭击，整个欧洲被紧张的气氛笼罩，但是我们还是决定按原计划出发，所以我将这次“边走边画”命名为《非常德意》，意为我们在这个非常时期行走德国和意大利。

这次德意之旅，交通、住宿都是通过网络来预订的，非常方便。特别是一些紧俏的需要预约的美术馆、博物馆，提前订好门票，心里就踏实了，不必担心到时候在现场买不到票而影响计划行程。

第一站是慕尼黑，我们一家人在这里相聚，女儿自2013年起在德国留学，每年只有暑假才回国住2个月，这次她特意从汉诺威来到慕尼黑，在逗留的1周时间里，我们一起参观美术馆、博物馆，游览古迹……不亦乐乎。

之后，她回汉诺威，我和她妈妈一起继续下一站——意大利。

意大利，是每一个喜欢艺术和从事与艺术相关工作的人毕生向往的圣地，当你踏上这片神奇的土地，你就会被这里浓郁的艺术气息所包裹，眼前的美景令你目不暇接，来一次肯定是不够的。

做不到“说走就走”，但必须“边走边画”。“边走边画”早已成为生活中必不可少且重要的组成部分，画，不仅仅是为了记录美，也是为了更好地分享与传播美。

原定的《非常德意》排版完成后有近390页，大大超过了“边走边画”系列丛书前几本的体量。出版社建议将德国和意大利分别呈现，于是就有了这一本《意艺非凡》，因为意大利的艺术绝对非凡。

2019年11月11日

目 录

Booking.com

缤客

全球酒店预订网站。可在线预订全球228个国家的2890万个房源，无手续费，确保低价。24小时中文客服。

手机地图

德语助手

有道翻译

意大利全境都是坐的火车，火车票全部是在网上预订的。欧洲铁路公司有中文官网，携程也有代售。意大利铁路票有通票和点对点票两种，欧铁官网有对两种票的详细解释和使用说明，仔细阅读即可。意大利铁路票价便宜，通票不一定划算，订票之前自己核算下，我们订的都是点对点的火车票。

这次旅行酒店都是在Booking和好订网上预订的，好订网可以用支付宝付费，Booking当时只能用信用卡支付，现在也可以用支付宝和微信支付了。人还没出发，各路火车票就都寄到了。

欧元（Euro）是欧盟中19个国家的货币。欧元的19个会员国是德国、法国、意大利、荷兰、比利时、卢森堡、爱尔兰、西班牙、葡萄牙、奥地利、芬兰、立陶宛、拉脱维亚、爱沙尼亚、斯洛伐克、斯洛文尼亚、希腊、马耳他、塞浦路斯。

1999年1月1日在实行欧元的欧盟国家中实行统一货币政策（Single Monetary Act），2002年7月欧元成为欧元区唯一合法货币。欧元由欧洲中央银行（European Central Bank，ECB）和各欧元区国家的中央银行组成的欧洲中央银行系统（Eurpean System of Central Banks，ESCB）负责管理。此时的汇率为1：7.2。

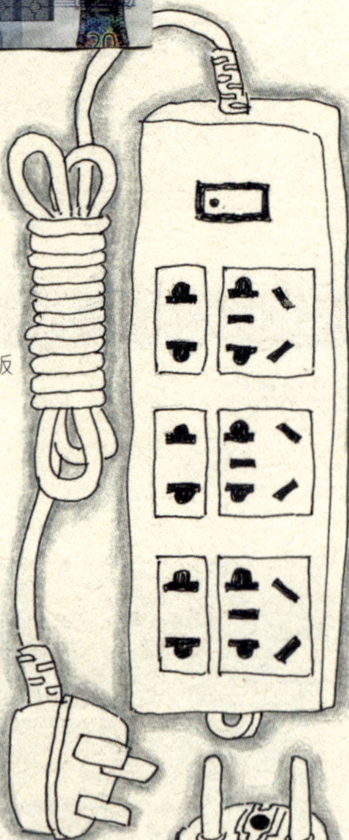

接线板

充电宝

欧标转换插头

阿丑刚刚过了三周岁生日，这次寄养是他第一次离开家独自生活，实在不放心他。担心这个不爱擦嘴洗脸，不爱穿衣洗澡的小孩怎么度过这20天。你看他那眼神就没有一丝妥协的意思。

用餐时间：早8:00～8:30
晚6:00～6:30

每次用一杯半粮食，温水浸泡10～15分钟，去汤，先吃饭后喝汤。
饭后用餐巾（蓝色）擦嘴。

每周洗澡一次。

饭后散步30分钟以上，（大小便）。

day 1.

2016-01-13

经过一段时间的准备，终于要踏上旅途啦。

在武林门乘坐机场大巴比较方便实惠，每人20元。

杭州萧山国际机场位于浙江省杭州市萧山区，距市中心约30千米，为4F级民用运输机场，是中国十二大干线机场之一、国际定期航班机场、对外开放的一类航空口岸和国际航班备降机场。

杭州 → 多哈 → 慕尼黑 → 米兰

Hangzhou Doha Munich Milano

下午把阿丑送到宠物店交给易明

18:20 乘的士去民航大巴站

18:40 乘民航大巴去萧山国际机场

19:30 到达机场

20:50 办好登机手续

22:15 登机 座位36A靠窗口

Airline
Meal
面包
色拉
水果起司
纯净水
蔬菜(薯条、四季豆、小番茄)

卡塔尔航空公司成立于1993年11月22日，1994年1月20日开始正式商业飞行。公司原本由卡塔尔部分王室成员控股，1997年4月由一个新的管理团队获得卡塔尔航空公司管理权。

2015年6月23日讯，通过对来自110个国家的1900万航空旅客进行调查，Skytrax的年度最佳航空公司大奖（航空界的奥斯卡）在2015巴黎航展中揭晓。在巴黎航展大出风头的卡塔尔航空获得了Skytrax年度最佳航空公司的荣誉称号。

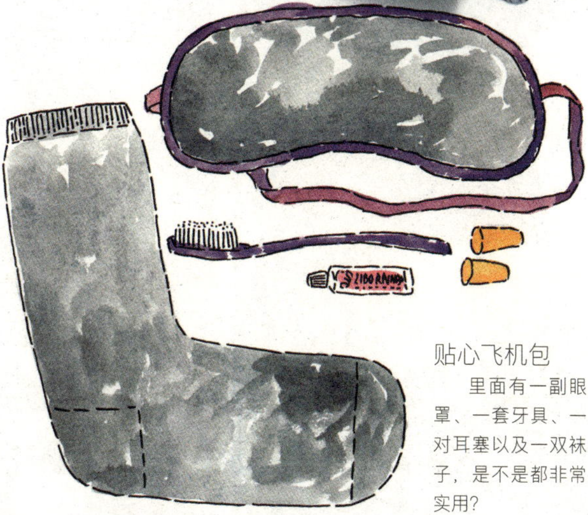

贴心飞机包

里面有一副眼罩、一套牙具、一对耳塞以及一双袜子，是不是都非常实用？

تحويل الرحلات
Transfers
القادمون
Arrivals

waste

القادمون
Arrivals
تحويل الرحلات
Transfers

DOHA
INTERNATIONAL AIRPORT

2016年1月14日凌晨5:10（北京时间10:10）我们顺利抵达多哈国际机场，走进航站楼简直惊呆啦。

2007年去埃及时我曾经在多哈机场转机，那时多哈机场还是个小机场，如今的多哈哈马德国际机场庞大如一座小城，由荷兰OMA设计公司设计，2014年启用，拥有世界上最长的机场跑道（4572米），是世界上第一个为空客A380提供服务的机场。

多哈哈马德国际机场采用了典型的现代主义设计风格，主体是钢结构，使用玻璃、灰色石材、不锈钢等现代材料，简洁、大气、实用，非常好看。连卫生间的水龙头造型和整个建筑风格都是一致的，好的设计一定是风格连贯的。

day2.

2016-01-20

起飞不久，空姐就来发飞机餐了，也许是飞行时间不长，就一盒点心，很简约，但咖啡是必须要的。

米兰

“神话酒店”，听这名字就很浪漫。它的位置离米兰中央火车站很近，我们步行十分钟就到了。选择这里就是为了出行方便，而且闹中取静。来到前台，有一位会讲汉语的女孩为我们办理入住手续，由于服务员还在整理客房，我们便将两只行李箱寄存在前台，服务员给了我们一张寄存卡片，我们就迫不及待地先外出了。

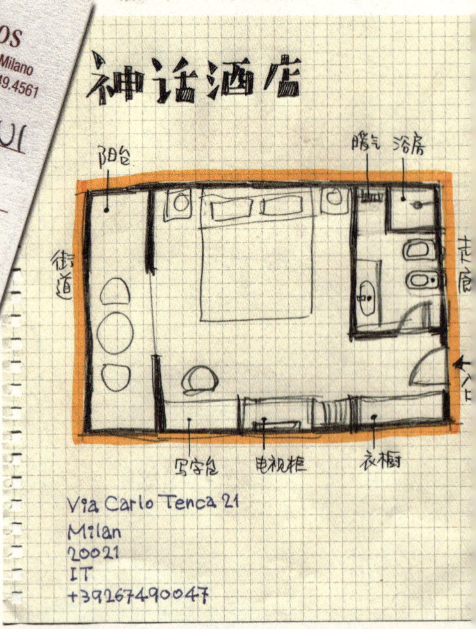

第一件事就是去附近的电信营业厅办理电话卡，主要是要有充足的上网流量，可以满足交通导航和发送图文信息所需。

有一种卡比较划算，20 欧元 /15 天，不限流量。

乘地铁来到DUOMO，斯福尔扎城堡在米兰大教堂的背面，红砖砌的城墙和古堡透着罗马式建筑的厚实和古朴，弥漫着时间的味道，非常迷人。

斯福尔扎家族是文艺复兴时期米兰的统治家族，统治米兰将近百年，也是重要的艺术赞助人，赞助过达·芬奇、米开朗琪罗等艺术巨匠。这个城堡是他们家族的遗产。如今斯福尔扎城堡成了博物馆，两件镇馆之宝是米开朗琪罗晚年的作品《圣殇》和达·芬奇的天顶壁画。

斯福尔扎城堡
Castello Sforzesco

《圣殇》

米兰人给了米开朗琪罗最高的礼遇——整个大厅只陈列《圣殇》一件作品，灯光打在这件作品上，前面放着几排椅子，你可以坐下来安静地观赏。

这是米开朗琪罗晚年的作品，直到大师去世仍然未完成。罗马的圣彼得教堂有米开朗琪罗25岁时创作的《圣殇》，同一个主题同一个作者，不同的年龄不同的生命经验，两件作品的风格截然不同。25岁时的《圣殇》美、青春、圣洁，闻不到死亡的

米开朗琪罗

1475
|
1564

米开朗琪罗·博那罗蒂

Michelangelo Buonarroti

1475年3月6日—1564年2月18日

意大利文艺复兴时期伟大的绘画家、雕塑家、建筑师和诗人，文艺复兴时期雕塑艺术最高峰的代表，与拉斐尔和达芬奇并称为文艺复兴后三杰。

黑暗气息，对于年轻的艺术家，死亡是一种哀伤的美；晚年的《圣殇》，圣母与耶稣的身体不再青春唯美，而是成了无力的线形，无可奈何地向下坠落。晚年的艺术家经历了亲人和爱人的死亡，还要面对自己身体的衰朽，自然给予了死亡更多的思考，死亡的痛苦和庄严在艺术家晚年的《圣殇》里有更多的表现。

达·芬奇的天顶壁画褪色、剥落非常严重，我们去时正在整修。

达·芬奇是列奥纳多·迪·皮耶罗·达·芬奇（意大利文原名: Leonardo di ser Piero da Vinci）的简称，他出生于儒略历1452年4月15日（公历4月23日），毕业于意大利理工学院，1519年5月2日逝世，是意大利学者、艺术家。

达·芬奇是欧洲文艺复兴时期的天才科学家、发明家、画家，生物学家。现代学者称

他为“文艺复兴时期最完美的代表”，是人类历史上绝无仅有的全才，他最大的成就是绘画，他的杰作《蒙娜丽莎》《最后的晚餐》《岩间圣母》等作品，体现了他精湛的艺术造诣。他认为自然中最美的研究对象是人体，人体是大自然的奇妙之作，画家应以人为绘画对象的核心。

斯福尔扎城堡的夕

阳

结束在斯福尔扎城堡的参观，太阳已经快落山了。一抹金色的斜阳洒在百年老墙上，一轮圆月已经高悬天际，给人以无限感慨。日月轮回数百年，风风雨雨，沧桑更替，城堡屹立，见证着乾坤流转。

在米兰大教堂边上有一家披萨店，十分热闹，队伍排得很长。因为店里只有餐桌没有坐凳，大家都站着用餐。标配就是披萨+可乐。大披萨直径40厘米，松软且香脆的底盘，经燃木烤炉烤制而成，不可错过的是番茄酱香和浓厚的奶酪覆盖下的香草和凤尾鱼。一份肯定没吃够，但再来一份你绝对吃不下。

米兰共享单车

共享单车是城市文明的度量衡之一

斯卡拉歌剧院（Teatro alla Scala）于1778年8月3日正式启用，当时名为Nuovo Regio Ducal Teatro alla Scala，首日上演安东尼奥·萨列里的歌剧《重建欧洲》。第二次世界大战期间，剧院遭到轰炸，整个演出大厅片瓦无存。战后，意大利政府拨出巨资，以当时最高的标准重建。这座新古典主义风格的歌剧院貌不惊人，里面的装饰却美轮美奂，至今依然是世界上最豪华的歌剧院之一。它不仅是一座华美的大歌剧院，同时也是歌剧，尤其是意大利歌剧的象征，甚至还是意大利音乐的象征。

Teatro alla Scala 斯卡拉歌剧院

Uscita per biglietti cartacei
Exit for paper tickets

EXIT

Stazione ferroviaria
Railway stations
Malpensa Express
metro

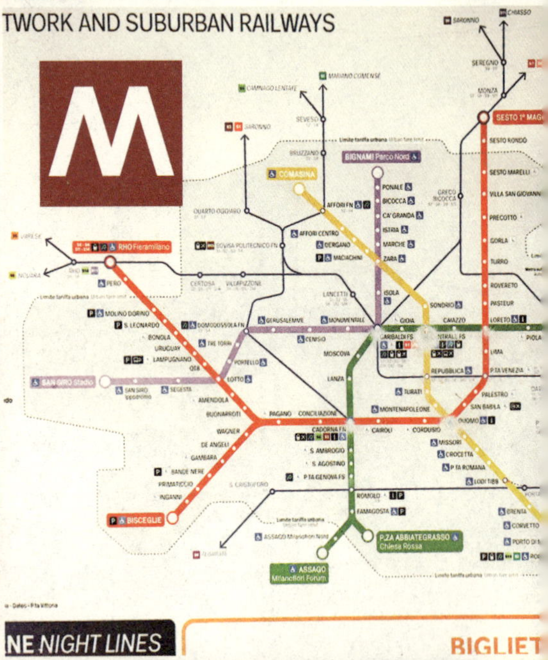
TWORK AND SUBURBAN RAILWAYS
M
RHO Fieramilano
BIGNAMI Parco Nord
COMASINA
SESTO 1° MAG
SAN SIRO Stadio
BISCEGLIE
ASSAGO Milanofiori Forum
P.ZA ABBIATEGRASSO Chiesa Rossa
NE NIGHT LINES
BIGLIET

etti Tickets
metro

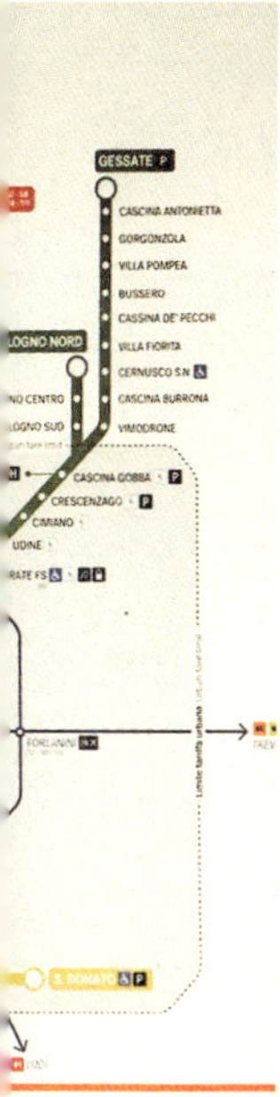

米兰地铁于1955年开始修建，1964年启用。现今营运中的线路共有4条，每条线路又有其统一的色彩和清晰的导向系统。

TICKETS

出门旅行，我有早起的习惯。这天一早我来到街上，在酒店周围转转。米兰的空气清冽，一束金色的阳光从东方洒落在酒店对面不远处的一座雕像上，格外引人注目。

圣嘉弥禄（San Camillus DeLellis1550—1614）是基督教圣人。1571年，在发修道圣愿之前，曾在奥古斯大的圣雅各伯医院工作，在那里他的信仰渐趋成熟，他决定献身为受病苦煎熬的人们服务。其后，他多次回到这所医院中，并开始撰写其医务修士会的会规。1586年，他创立了灵医会，并与他的同会兄弟们一同迁往圣玛利亚玛达肋纳堂　，后来在那里兴建了总会院。今日我们仍可参观这里的医务所和圣人住过的居室。圣人在这里去世后，他的居室便被改建为小堂，并且保存着圣人的遗骸。

day 3.

2016-01-21

走在酒店附近的小巷里，几乎所有店铺的卷闸门上都画满了文字涂鸦，看似凌乱，仔细观察，他们作画的手法相当娴熟，喷漆代笔写画的线条非常流畅，可谓高手在民间。

有一个角落摆放着一套铺盖，看来主人已经早起离开了，被褥略旧但也整洁，大概是一位爱干净的无家可归者。

DUOMO MILANO

看你那么帅气，我情不自禁地拿起手机拍了几张你认真工作的照片，结果被你发现啦。只见你严肃地走到我面前，认真地要求我打开手机相册，指着你的照片说：“Delete。”我很听话地照做了。你前后看了一遍，确认没有你和你战友的照片了，就转身离开了。

米兰大教堂大理石地面的拼花工艺非常精湛，各式直线和曲线的拼合都严丝合缝，如果是在现代电脑控制下的切割拼合倒不足为奇，但是在当时的条件下能做出这样的作品着实令人惊叹。

Duomo di
MILANO
2016

埃马努埃莱二世长廊是以意大利统一后的第一位国王的名字命名的，是一个带顶棚的商场，位于米兰大教堂广场北侧，最初设计于1861年，1865年到1877年之间建成。其钢结构、玻璃天顶融合了19世纪最流行的商场设计，是现代建筑的先声。长廊内有许多奢侈品商店，不过比起那些奢侈品店这个有130多年历史的商场本身更值得一看。拉回到19世纪，相较于传统的建筑材料砖头和石材，用钢和玻璃盖房子在当时是多么具有颠覆性啊！信步其间，阳光从玻璃圆顶泻下，墙面的壁画、转角的雕塑以及地上的马赛克图案足以让它美得无可匹敌。

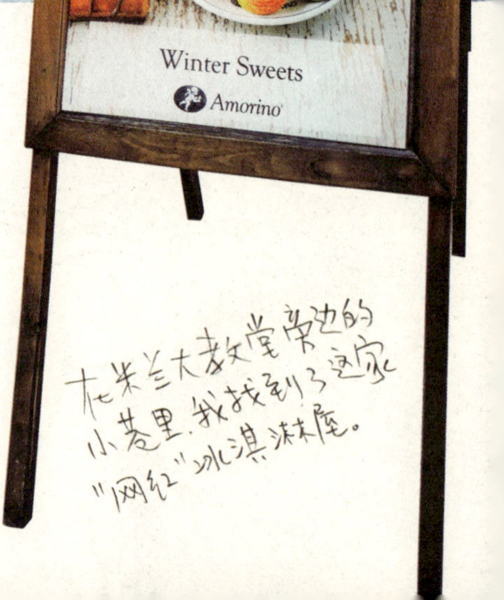

Amorino是意大利最富盛名的冰淇淋店之一，于2000年由两位意大利人在法国创办，意为“小爱神”，其标志就是一个拿着冰淇淋的可爱小天使，因此人们也亲切地称呼它为“小天使冰淇淋”。Amorino中售卖的冰淇淋有25种口味，最受欢迎的是开心果口味。这里的冰淇淋不仅味道可口，造型也极为艺术。店员会将冰淇淋一瓣一瓣地罗列上去，成品犹如一朵盛开的玫瑰。

在米兰大教堂旁边的小巷里，我找到了这家“网红”冰淇淋屋。

morin
L'INIMITABILE
VANIGLIA

ENERGYcontrol
ENERGYcontrol
edisoncasa.it
800 14 14 14
EDISON

Z.E.

MOTOCITY
022889
MOTOCITY
022889
CARCITY
022889

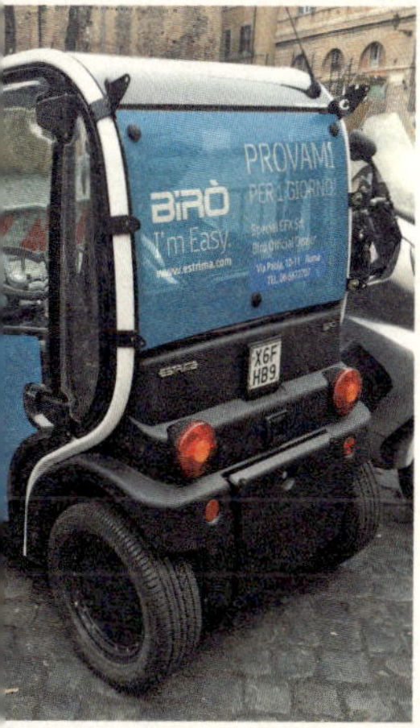

Mini Auto

米兰街头随处可见迷你车，像玩具一样，道路并不宽敞，小型车就会显得格外方便。欧洲人非常注重个人环保和空间占用，消费观念更成熟，车辆对欧洲人而言就是代步工具。当地很多家庭不止一辆车，也会有几个孩子，他们很多人会把买一辆大车的钱用来买两辆小车，这样更方便家庭成员出行。欧洲人很注重生活的质量，买小车经济实惠又环保，购买的成本相对更低，节省下来的钱可以用在更重要的地方，比如旅游等。

参观《最后的晚餐》

门票: 6.5欧

预约手续费: 1.5欧

开放时段: 8:15—19:00

休息日: 每周一、1月1日、5月1日、12月25日

参观时限: 15分钟

交通: 大教堂广场站乘坐16路公车到，或乘MM1线在Conciliazione站，MM2线在Cadorna站下车。

傍晚时分，我们步行来到圣母玛丽亚修道院。因为预约参观《最后的晚餐》的时间是18:45，我们就先走进了这座教堂。

圣母玛利亚修道院

SANTA MARIA DELLE GRAZIE

这是一座中规中矩的教堂，红砖的外墙和平稳流畅的线条看似没什么特色，但正是这样的平凡使它在意大利众多光怪陆离的教堂中显得独树一帜。令她出名的另一个原因是绘画大师达·芬奇的名画《最后的晚餐》就绘制在隔壁修道院食堂的墙上，引得许多绘画爱好者和游客纷纷前来观赏膜拜。

原来在电影里看见的镜头在这里又看见了，有的一个人默默地跪在角落里忏悔，有的跪在神父面前倾诉，有的坐在那里发呆，似乎整个空间充满了与上帝心灵感应的电波。

教堂人物记

21/01/2016 18:45
Totale EUR 8,00
INTERO
TLITE0538002721419-02
Emesso il 14/12/2015 10:06
Cenacolo Vinciano
21/01/2016 18:45
Totale EUR 8,00
Prezzo EUR 6,50
Prevendita EUR 1,50
INTERO
UP Ingressi
wang
xiaolin
Skira editore
Aster
charta
CENACOLO VINCIANO
Cenacolo Vinciano
Ministero per i Beni e le Attività Culturali
Soprintendenza per i Beni Architettonici
e Paesaggistici di Milano

米兰有一件镇城之宝，那就是达·芬奇的《最后的晚餐》。这是一件湿壁画作品，画在圣玛丽亚感恩大教堂的食堂墙壁上。湿壁画是欧洲文艺复兴时期常用的一个画种，是趁泥灰土潮湿时用颜色进行描绘，泥灰土干透后壁画经久不坏。

看这件作品要提前预约，旺季时还很难预约到。这次我们运气很好，预约成功。参观时分批进入，每批人只能在壁画前停留15分钟。

原作的色彩感是任何印刷品和照片都无法比拟的，含灰的彩色，非常优雅，是任何印刷品都无法让我们获得的观看经验，所以最好去看原作。

米兰 MilANO

day4. 2016-01-22

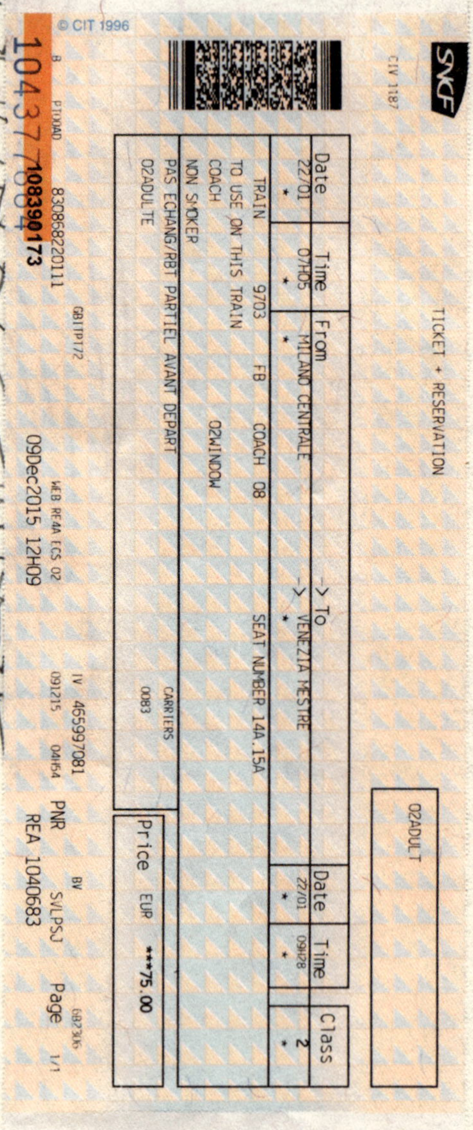

米兰中央火车站位于米兰市奥斯塔公爵广场，始建于1864年，由乌里塞·斯塔齐尼（Ulisse Stacchini）设计，1931年竣工并投入使用。米兰中央车站有24个站台，每天大约有32万名旅客，到发列车500辆，每年约有1.2亿乘客使用。

人来人往，似乎看不到工作人员，候车大厅就像个自由市场。

欧洲的火车站可以随便进进出出，没有安检，也没有检票口。持票进站，按信息导向来到站台。站台的角落里有一台验票机，把车票插进去，票面的一端就打印上了当时的时间信息。车门也要你自己按门边绿色发光的按钮才能打开。车门口和车厢里都看不到列车员，好像一切都是自助的。

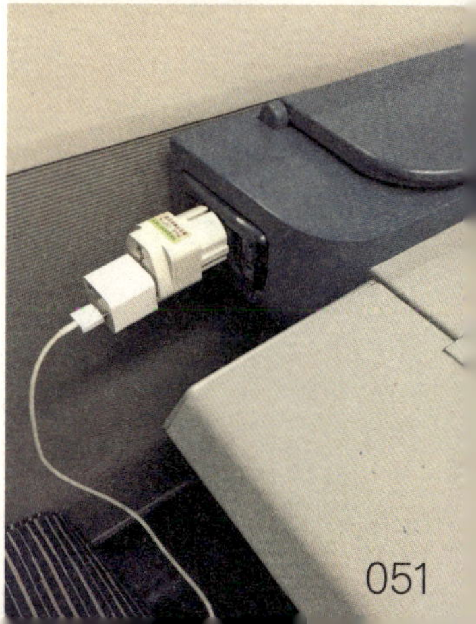

威尼斯

telefono
phone 041/710877
fax 041/710875

www.casacaburlotto.it
info@casacaburlotto.it

Fondamenta Rizzi
S. Croce, 316
30135 Venezia

The Palazzo Rizzi

The Holiday House, owned by the Religious Family of the St. Joseph's Daughters of Caburlotto, is situated inside two splendid adjacent historical buildings, one is Palazzo Rizzi which is also the name given to the "Fondamenta". The structure is beneficial to a **qualitative and fascinating atmosphere exclusive of a residence that is a characteristic of Venetian** era and at the same time a place of serene meditation and prayer, to the fact that the "House" in the end of 1800 was already the Religious House of the St. Joseph's Daughters of Caburlotto up to date. The House, which has big communal spaces and rooms of amusements, opened from this year the "Museum of Fr. Luigi Caburlotto" dedicated to his life, work and history of the founder of the Congregation who was in May 2015 proclaimed "Blessed" in St. Mark's Square.

奇卡布洛陀旅馆在一条很普通的水道边。这是威尼斯特有的景致。距火车站15分钟的路程。

共有49间客房，这里的旅馆电梯都非
小，大概只有1.2米×1.
站两个人放两只旅行
就转不开身了。

客房很朴素，设施齐
同的是床头挂着十字
放着《圣经》。

。不
枕边

CASIN
DIVENZIA
Vendramin
2016

Vendramin

温德拉敏宫

威尼斯大概终年游客多于本地居民，本地人不堪其扰，因此对游客多半礼貌而冷淡。幸亏现在有了手机地图，游客很容易就能找到温德拉敏宫。

温德拉敏宫位于大运河的最北段，1883年2月瓦格纳来威尼斯休养，因心肌梗死在这里去世。遗体运回德国时，慕尼黑人在瓦格纳的歌剧《诸神的黄昏》选段《齐格菲里德的葬礼进行曲》中哀悼他。现在温德拉敏宫成了瓦格纳博物馆和威尼斯赌场，博物馆游客寥寥，赌场却生意兴隆。

自中古世纪以来，里亚尔托桥就是威尼斯城的贸易中心。它也是威尼斯本岛上横跨大运河的最宏伟的桥，在此俯瞰大运河两岸的繁华是一大享受，也是威尼斯之旅的重头戏之一。里亚尔托经过了一项新石桥设计竞赛，参赛者包括米开朗琪罗、帕拉第奥和圣所维诺等名建筑师，最后冠军竟然凑巧地落在安东尼·达·蓬特（Antonio da Ponte，Ponte即是桥的意思）身上。

Ponte di Rialto

里亚尔托桥

圣马可广场（Piazza San Marco）依然游人如织。广场右边的威尼斯总督府是非教堂类哥特式风格建筑中最负盛名的。其动工于14世纪，正值威尼斯的极盛时期，花饰窗格、镂花长廊、精美的装饰，这些晚期哥特式风格建筑的特点使得威尼斯总督府在壮丽之外更有一种优雅和轻盈。

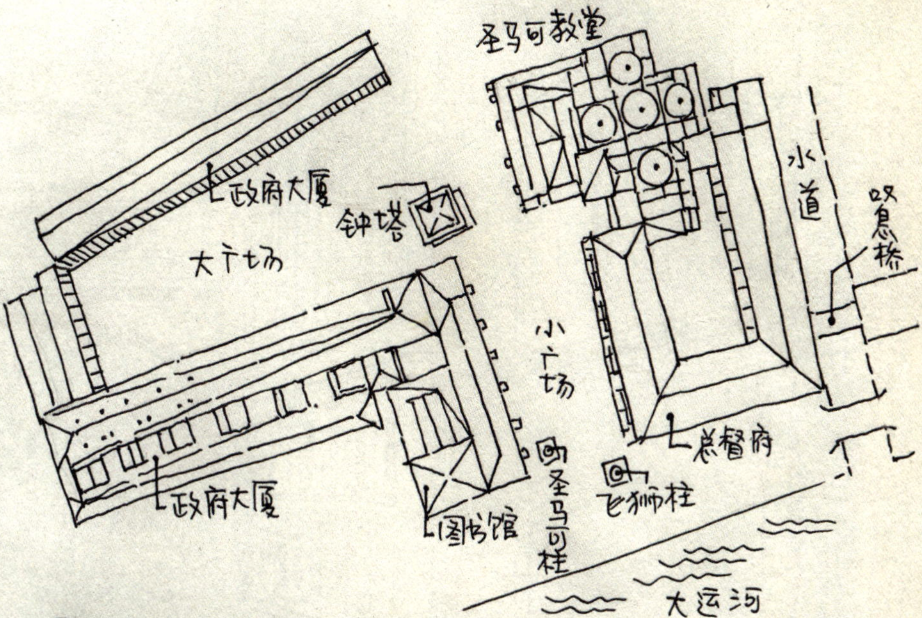

Piazza San Marco
圣马可广场

圣马可广场又称威尼斯中心广场，是威尼斯的政治、宗教和传统节日的公共活动中心。

广场南侧是运河，上空有无数海鸥、鸽子在盘旋，它们一点不怕人，还会突然俯冲抢走你手中的食物。我的中餐汉堡刚吃了一半，就被一只大海鸥一口叼走了。那抢夺技术很高，真是"稳、准、狠"，啄痛了我的手指，也没有一声抱歉。

叹息桥横跨在里约多帕拉佐（Rio di Palazzo）河上，连接着威尼斯公爵府的审讯室和老监狱，是由安东尼·孔蒂诺（Antoni Contino）设计的，造型属于早期巴洛克风格，封闭式的拱桥由石灰岩铸成，呈房屋状，上部穹顶覆盖，封闭得很严实，只有向运河一侧的石梁上开有两个小窗。叹息桥的名字是19世纪时，由英国诗人、“独领风骚的浪漫主义文学泰斗”拜伦勋爵所取的。囚犯们在总督府接受

审判被宣判后，从总督府经由叹息桥走向死牢，他们面临的将是永别俗世，因此发出深深的叹息之声，叹息桥犹如隔绝生死两世。

威尼斯当地有一个传说，日落时如果恋人们在叹息桥下的刚朵拉上亲吻对方，就会得到天长地久的爱情。这个传说使得"叹息桥"成为世界上最具浪漫色彩的桥之一。

刚朵拉
GONDOLA

独具特色的威尼斯尖舟有一个独具特色的名字——“Gondola”（意大利语），译为“刚朵拉”“冈多拉”或“贡多拉”。

这种轻盈纤细、造型别致的小舟一直是居住在潟湖上的威尼斯人代步的工具。这种小舟有两个部位可体现工匠们的想象力：一个是自然奔放的船头，很像15和16世纪用的六齿钺戟（每一个齿代表威尼斯的一个区）；另一个是依奥尼亚式船尾。到了18世纪，这种威尼斯尖舟的形状和大小就慢慢地固定了。

小舟一般长为10.75米、宽为1.75米。小舟的平底呈不对称形，这样可以较好地保持只靠一侧单桨划的船的平衡。从前的刚朵拉的中间船舱上方还有一个可以活动的船篷，用来给旅客遮阳挡雨，有的船篷上面开有小窗和小拉门。后来这种船篷也消失了。

刚朵拉船夫只穿着一件带横条的紧身针织上衣，戴着一项草帽。过去船夫们的制服是很奇特和考究的。划船的时候，船夫站在船尾，用搁在弯曲的桨架上长长的单桨划。现在的刚朵拉主要作为旅游船使用，平均每40分钟收费约为70—120欧元。

berlina spor
ta da Jaguar.
Jaguar Care: 3
nza stradale a
mondo esclus
una prova in C
AND Sr
le del Ca
er Village
ati.it/
IL TUO N
Consun
di fornitu
Anticipo: e
SOLO

离开游客云集的大水道，立刻迷路在威尼斯密如蛛网的小巷中。小巷深深深几许？其实在威尼斯的小巷迷路才是逛威尼斯的真正乐趣。威尼斯的小巷都有性格，走进去一定不会让你失望。威尼斯的内里已经很破败，经年失修的老屋墙皮脱落露出里面的红砖，摇摇欲坠的房子久无人居，有些逼仄的小巷只容一人正常通过，两人相遇，相视一笑，然后侧身而过。独自走在这样的小巷里，仿佛能听到来自古老灵魂的窃窃私语。深巷里的小店静静地开着，好像也不着急赚钱。客人进来，老板只微笑一下，随你自由观看，临走还说声谢谢，从容安静。

維瓦尔第

Antonio Lucio Vivaldi

途经一个在淡季维修的教堂，四面被脚手架包围，外立面挂着维瓦尔第的肖像，他有着一头巴洛克式的假发。这里就是维瓦尔第曾经服务过的慈悲圣母院教堂，他曾是这间教堂的神父。彼时威尼斯是个繁华的商贸港口，商贾云集，耐不住寂寞的商人在威尼斯到处留情，夜夜风流之后留下许多私生子，这些有人生无人养的孤儿被教堂收留。小提琴协奏曲《四季》就是为孤儿院的女子弦乐队写的。维瓦尔第是个高产的作曲家，在他的众多作品中，《四季》是最广为人知的，但他公认最好的作品却是宗教音乐《荣耀经》RV589。这也不奇怪，他本就是神父，写宗教音乐才是他的本职工作。

imob.venezia
Biglietto caricabile solo a bordo
This ticket c
only be topp
up on board
Actv
Partita iva
00762090272
Partita iva
0033937027
REGIONE DEL VE
Biglietto valido solo per la navigazione
Ticket v
for wate
service
Benvenuto a bordo di Actv
Actv 22

day 5.

2016-01-23

穆拉诺岛　布拉诺岛

计划今天去威尼斯的两个离岛——穆拉诺岛和布拉诺岛。我们买的是一日票。一日票可以上船买。在码头坐4.2线、5.2线去离岛，先到穆拉诺岛，再到布拉诺岛，回来时坐4.1线、5.1线。穆拉诺岛是一座安静到有些寂寥的小岛，盛产玻璃制品，我们还参观了一家传统手工艺作坊，如今，这种手艺大概只有老人在坚守了。布拉诺岛又叫彩色岛，盛产蕾丝花边和抽纱制品，也称作蕾丝岛。岛上的房子五颜六色，色彩饱和度很高，让人感觉仿佛置身童话世界。

穆拉诺是意大利威尼斯湖中的一个岛。名义上是岛，其实是群岛，岛与岛之间由桥梁连接，形同一岛。穆拉诺在威尼斯以北约1.6千米。穆拉诺以制造色彩斑斓的穆拉诺玻璃器皿而闻名于世，特别是拉丝热塑。

6世纪前，穆拉诺被罗马人占据。从6世纪开始，威尼斯奥德尔佐人到此居住。穆拉诺作为一个捕鱼港和食盐产地逐渐繁荣起来，形成一个商港。从11世纪开始，由于居民迁出，穆拉诺曾走过一段下坡路。13世纪穆拉诺由威尼斯波德斯塔(Podestà)管治，与礁湖内其他的岛屿不同，穆拉诺铸造自己的硬币。

下边这个用玻璃吹制的装置是玻璃岛的标志，在阳光下折射着剔透的色彩，引得游客纷纷驻足欣赏，合影留念。

穆拉诺

Murano

玻璃岛

在玻璃岛的这座铁桥右边有一条小巷，不经意间发现一间玻璃工作室。我悄悄走进去，看见主人在工作。他友好地向我点头。只见他手持金属管，一头固定着一团烧红的玻璃，时而用金属钳按压，时而举起金属管吹气，其间还要将玻璃球放回炉子里烧，整个制作过程中他手法娴熟，轻松自如，玻璃在他手中就像一个面团，不一会儿一只玻璃花瓶就完成了。我还是第一次看到玻璃器皿的制作过程。

而后他带我走进二楼的陈列厅，玻璃制品琳琅满目，看得我眼花缭乱，玻璃被他打造得淋漓尽致。我相信在这座小岛上一定还有很多和他一样的匠人，或许他们一辈子都是在这里和玻璃打着交道，享受着他们的艺术人生。

玻璃岛 Murano

彩色岛
Burano

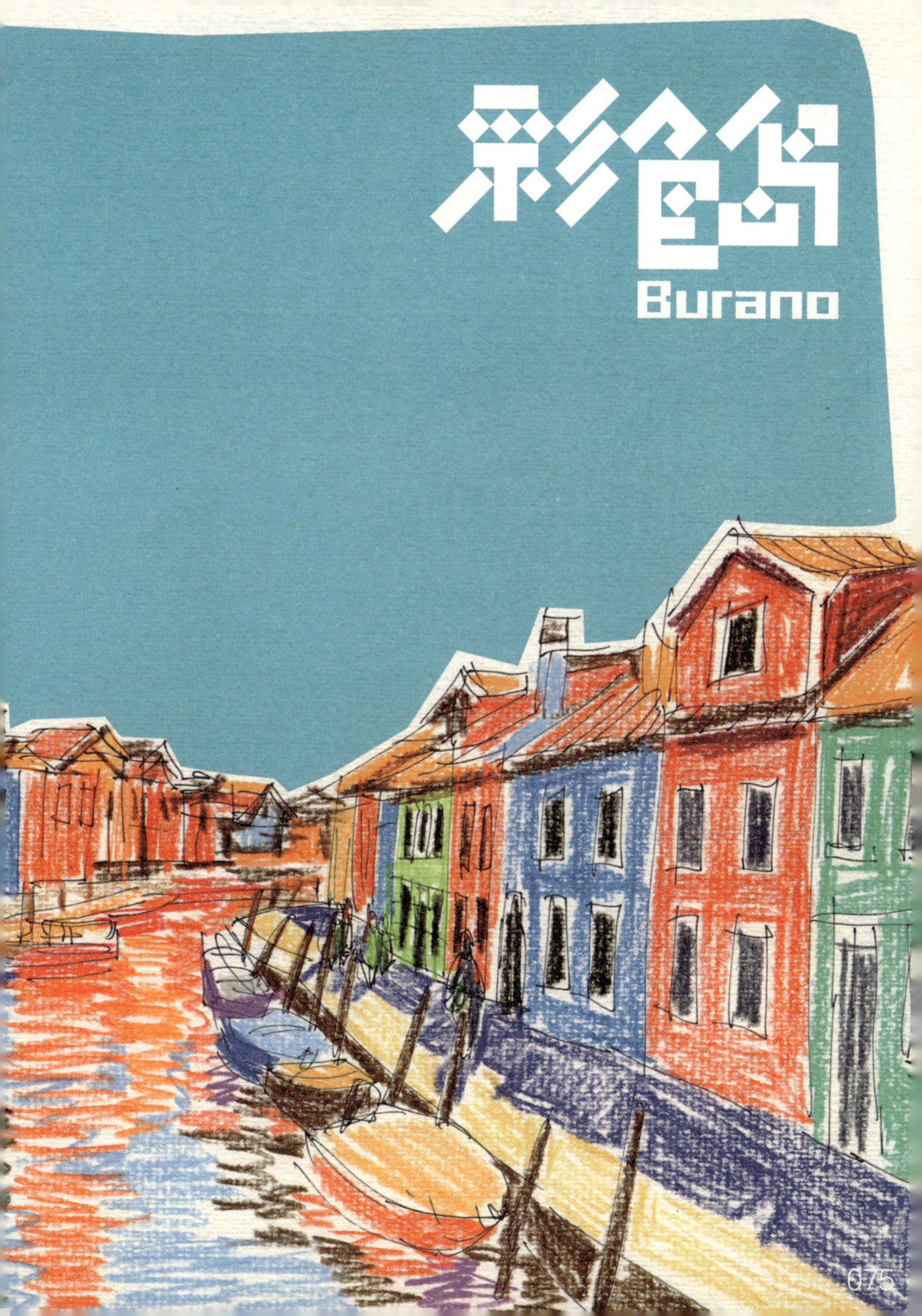

BURANO

布拉诺

彩色岛在威尼斯的东北部，又叫布拉诺岛，是个宁静安详的渔港，极富悠闲的度假气息。这个小岛堪称威尼斯的“童话小岛”。

彩色岛规定岛上的居民每年必须刷一次房子，于是，富有激情的布拉诺岛居民，按照自己喜欢的颜色粉刷自己家的房子。小岛因此多了个美名：彩色岛。

隔着学院桥远眺圣玛利亚大教堂，它是17世纪巴洛克艺术的杰作。巴洛克艺术起源于17世纪的意大利，以其热情奔放、装饰华丽而自成一派，与16世纪文艺复兴盛期艺术的庄重典雅相区别。它是在天主教会势力复辟、封建贵族的统治得到巩固的条件下发展起来的，满足了当时天主教会利用宣传工具争取信众的需要，也满足了各国宫廷贵族的审美偏好。因此，在17世纪风靡欧洲，使欧洲的17世纪有巴洛克时代之称。

圣玛利亚大教堂

威尼斯学院美术馆

美术馆耸立在木造的学院桥旁，是由教堂和修道院改建的，藏有大量威尼斯画派的作品。威尼斯画派于文艺复兴晚期即16世纪出现在威尼斯，代表画家有乔尔乔内、贝里尼、丁托列托等，其中最广为人知的就是提香。伟大的查理五世都为提香捡起过掉在地上的画笔，这说明了人间权力的至高代表对天才艺术家的敬意。由此看来，这段轶事无论真假都意味着艺术的胜利。

提埃波罗的《发现真正的十字架》巨幅原作和小草图。

威尼斯画派画风欢乐、明朗，色彩艳丽，尤喜金色和红色，擅用光线和色彩统一画面，追求诗一般自由的幻想，对欧洲绘画有深远影响。其后的巴洛克和浪漫主义画派都有威尼斯画派浅浅的影子。 在学院美术馆看画，威尼斯画派和古典画派的作品并置时，前者更显明亮艳丽。从古典油画陈列厅转到威尼斯画派的陈列厅，视觉效果立刻变得金光闪闪，生机勃勃。肉体的欢愉，美的享乐，势不可当，难怪深得当时商人阶级的喜爱。 美术馆里，可见贝里尼所绘风俗画中的威尼斯，虽与今相隔几百年，却和今日威尼斯的面目几无差别。这也是我最羡慕欧洲的一点——老城保存得依旧如昔，让自己的人民知道自己从哪里来，今天的面目又缘何是这样的。

黄金宫即法兰盖提美术馆，是威尼斯城最杰出的哥特式建筑之一，这幢大运河畔最迷人的宫殿，是意大利贵族孔塔里尼于1420年修建，正面原本涂上黄金以炫耀财富，过去曾被称为“黄金的宫殿”。这个四叶状的镂空回廊，是15世纪的威尼斯风格。而今它变成美术馆，并对公众开放。这里收藏了威尼斯画派从 14 世纪到 18 世纪的绘画珍品，集欧洲绘画艺术之大成，主要展品包括：卡巴乔的《圣告图》、安东尼奥 · 凡 · 代克的《基督受难记》、曼帖那的《圣塞巴斯蒂安》以及提香等人的作品。

黄金宫

Palazzo Ca d'Oro

DO IT YO

GELATO
YOGURT
SNACK
CAFFÈ, TÈ
& SUCCHI
HANDAY
MUFFIN
TUTTE LE GUARNITURE CHE VUOI!
€1,50

5 easy steps!
HOW TO BE
HAPPY
WITH HANDAY
1
Take one small cup or a glass in the size you prefer, S M or L.
You can fill it as much as you like, at Handay you don't pay by weight!
2
DIY!
Decide you feel like having: ice-cream, beverage or yogurt? Help yourself independently! Remind that we use only premium quality raw materials.
3
FREE WHIPPED CREAM
Let your imagination go wild: dress your delight with toppings and organic grains! The whipped cream is on us!

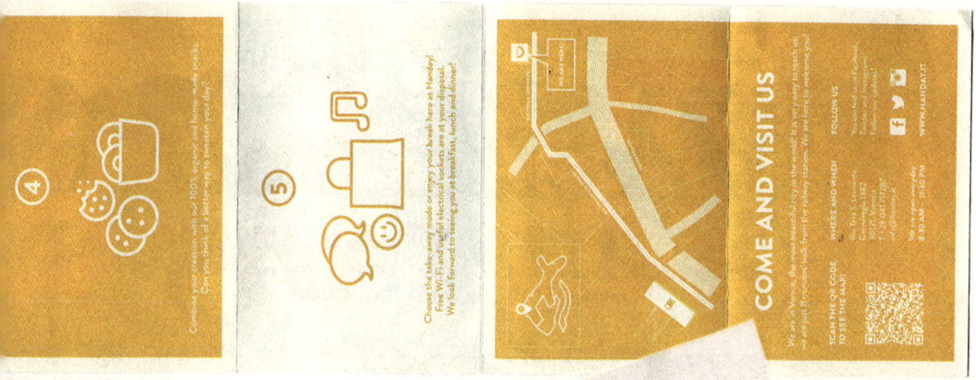

冰淇淋

Gelato

在威尼斯的老街上有一家冰淇淋屋。你可以选择不同价格的纸杯，自己往杯子里注冰淇淋，这就需要你摸着自己的良心操作啦。你注得越多，不代表你技术水平多高，而是说明你有多贪心:)。

坎纳雷乔焙烧咖啡

Torrefazione Cannaregio

夜幕降临，我们悠闲地沿街逛着每一家各具特色的小店。一股浓郁的咖啡香气吸引我走进了这家小店。走进去，咖啡的香气立即包裹着我，隔离了街上的熙熙攘攘，我沉浸在咖啡的香气里。店里的主人热情地递给我一小杯咖啡，我连声道谢，一口入喉，瞬间陶醉。

day b.

2016-01-24

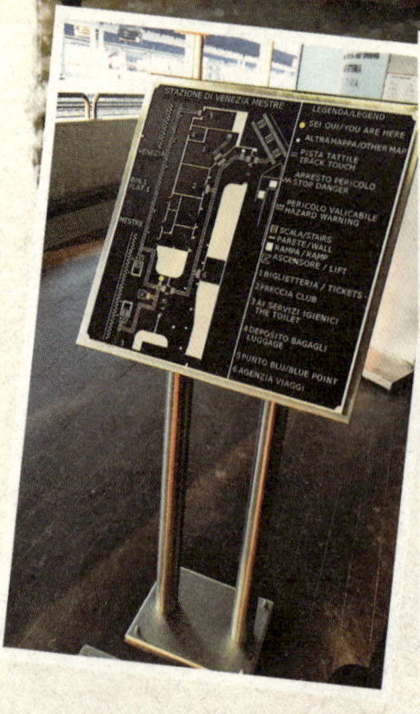

天蒙蒙亮，我们便来到了威尼斯火车站，准备乘7:34的火车去佛罗伦萨，再见啦，美丽的威尼斯。

佛罗伦萨
有着“花之都”的美名
这里也就是徐志摩笔下
那个令人惊艳的
“翡冷翠”

Florence
佛罗伦萨
科隆纳之家
EATALY
forexchange
Piazza S. Marco
Piazzale Donatello
Accademia Belle Arti
Museo Archeologico
Piazza S.S. Annunziata
Piazza d. Mercato Centrale
S. LORENZO
Piazza F. Brunelleschi
Piazza Massimo D'Azeglio
BATTISTERO
S. MARIA DEL FIORE (DUOMO)
Duomo
Piazza di S. Maria Nuova
Piazza Salvemini
Piazza S. Ambrogio
Piazza Ghiberti
Piazza d. Repubblica
BARGELLO
PALAZZO VECCHIO
GALLERIA D. UFFIZI
Piazza di S. Croce
S. CROCE
BIBLIOTECA NAZIONALE
Ponte Vecchio
Fiume Arno
Ponte alle Grazie
Piazza dei Cavalleggeri
Piazza Piave
Piazza dei Mozzi
Museo Bardini
Piazza Demidoff
Piazza Poggi
Porta San Miniato
FORTE DI BELVEDERE
Giardino Bardini
Giardino Vegni
Piazzale Michelangelo
Via Guelfa
Via Cavour
Via Ricasoli
Via dei Servi
Via degli Alfani
Via della Colonna
Via C. Battisti
Via G. Giusti
Via Gino Capponi
Via Borgo Pinti
Via della Pergola
Via Bufalini
Via Sant'Egidio
Via dell'Oriuolo
Via del Corso
Borgo degli Albizi
Via de' Pandolfini
Via Ghibellina
Via del Proconsolo
Via de' Calzaiuoli
Via Roma
Borgo de' Greci
Corso dei Tintori
Via de' Benci
Via Pietrapiana
Via dei Macci
Via de' Pilastri
Via Farini
Via Fiesolana
Via Tripoli
Lungarno d. Grazie
Lungarno della Zecca Vecchia
Lungarno Torrigiani
Lungarno Serristori
Lungarno Benvenuto Cellini
Lungarno Gen. Diaz
Costa Scarpuccia
Costa di S. Giorgio
Via di San Niccolò
Via dei Bastioni
Viale G. Poggi
Via di Belvedere
Via del Monte alle Croci
Via San Leonardo
Porta Rossa
Borgo la Croce
Via dei Malcontenti

走出佛罗伦萨火车站，就看到了新圣母玛利亚教堂，它是佛罗伦萨第一座宗座教堂，有别于灰衣修士的圣十字大教堂，是黑衣修士多明我会教派的主要教堂。教堂建于13世纪后期，之所以被称为“新”圣母教堂，是因为它建于9世纪圣母祈祷所的地基之上。

教堂有黑色和白色大理石搭配的正立面，这种绝对对称外观和上方圆形彩窗的设计一直影响到后来巴洛克式和哥特式教堂的建筑风格。

教堂里收藏了一批无价的艺术珍宝，尤以哥特式作品和早期文艺复兴大师的壁画而著称。内部最精彩的壁画是位于朝北走廊半道上方的《三位一体》，它是世界最著名的教堂艺术品之一。

新圣母玛利亚教堂
在佛罗伦萨火车站
的对面

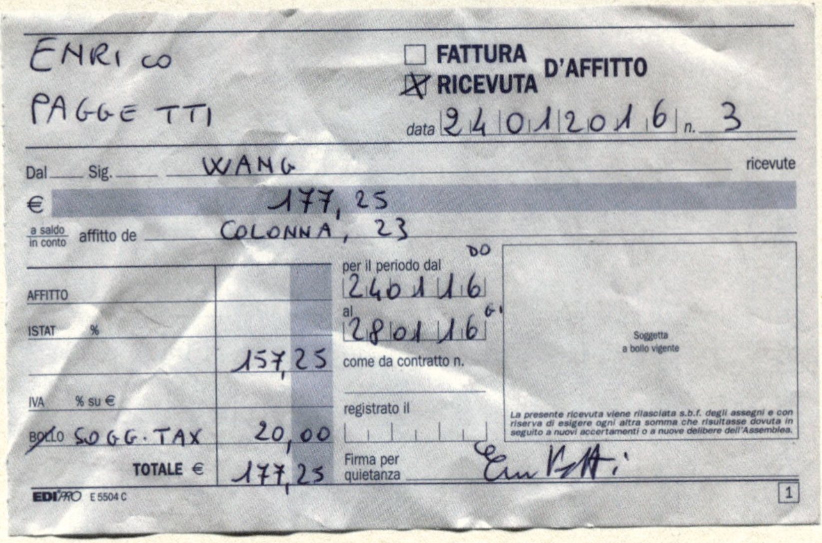

ENRICO PAGGETTI

☐ FATTURA
☒ RICEVUTA
D'AFFITTO

data 24 01 2016 n. 3

Dal Sig. WANG ricevute

€ 177,25

a saldo / in conto affitto de COLONNA, 23

per il periodo dal DO 24 01 16
al 28 01 16

AFFITTO	
ISTAT %	
	157,25
IVA % su €	
~~BOLLO~~ SOGG. TAX	20,00
TOTALE €	177,25

come da contratto n.

registrato il

Firma per quietanza

Soggetta a bollo vigente

La presente ricevuta viene rilasciata s.b.f. degli assegni e con riserva di esigere ogni altra somma che risultasse dovuta in seguito a nuovi accertamenti o a nuove delibere dell'Assemblea.

EDIPRO E 5504 C

1

科隆纳之家

COLONN

预订的民宿“科隆纳之家”藏在老城的深巷中，高大的橡木门厚重结实，房东说这栋房子有一百多年了。欧洲的老房子内部通常都改造得舒适实用，这套公寓也是，厨房、客厅、卫生间、卧室一应俱全，外带一个后花园。原以为只是这套房子中的一间是我们的，结果房东说整套都是给我们住的，真是惊喜！房东还为我们准备了意大利咖啡，这就是我们在佛罗伦萨四天的家了。

民宿位置绝佳，在老城的中心，出门几分钟就能看见圣母百花大教堂的圆顶。曾经光辉的城市，如今斑驳的墙壁，古老的建筑，大师留下的雕塑漫溢着历史的沧桑和厚重。慢慢走，去领略这个艺术之城的诗意！

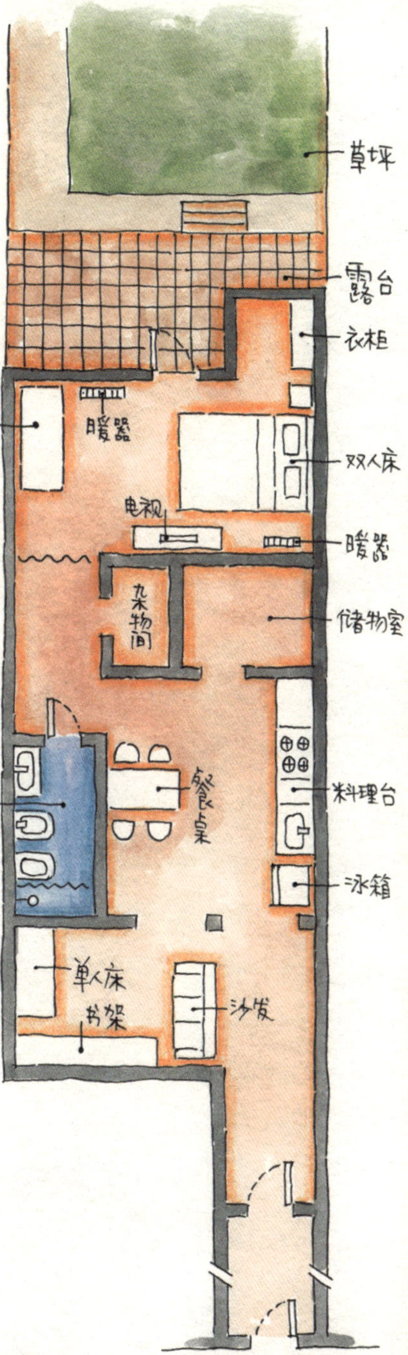
草坪
露台
衣柜
单人床
暖器
双人床
电视
暖器
杂物间
储物室
卫生间
餐桌
料理台
冰箱
单人床
书架
沙发

走出科隆纳之家，转过两个路口，看见一座白色的教堂，它就是圣十字教堂。广场前有几个黑人在兜售手里的自拍杆，看那样子似乎是从义乌小商品市场批发来的。

Basilica di Santa Croce
圣十字教堂

圣十字教堂内有但丁、米开朗琪罗、马基雅维利、罗西尼等名人的墓，教堂的右侧廊第五根廊柱上有文艺复兴早期艺术家、15世纪最杰出的雕塑家之一多纳泰罗的金色浮雕《圣母领报》，正殿的巴尔迪礼拜堂里有西方绘画之父乔托的湿壁画《圣佛朗西斯科的一生》。之所以说乔托是西方绘画之父， 是因为他发现了在平面上造成深度错觉的艺术，他用明暗和透视法画出了有立体感的宗教画。

帕齐小教

堂

Cappella dei Pazzi

后院的帕齐小教堂在艺术史上有重要地位，它是第一座文艺复兴式建筑，它的设计者就是文艺复兴式建筑的创始人布鲁内莱斯基。他用古典建筑的样式，例如圆柱、三角额墙和圆拱，去创造美丽和谐的新样式。在其后的500年里，世界各国的建筑师都在某种程度上步他的后尘，直至20世纪。

在佛罗伦萨每一个街区都会有一个广场，最出名的当属佛罗伦萨市中心的领主广场（Piazza della Signoria），它周围有太多的艺术品，根本就是个露天博物馆。广场四周有但丁之家、领主宫、乌菲齐美术馆、乌古其奥尼宫，有文艺复兴风格的忠利保险大厦，有建于1359年的商人法庭，以及佣兵凉廊。

这座雕像是由斐迪南一世·德·美第奇为纪念他的父亲——第一任托斯卡纳大公科西莫一世而建。1587年，他将这项任务委托给当时活跃在佛罗伦萨的最重要的雕塑家詹波隆那。这是佛罗伦萨第一尊大型骑马雕像。

科西莫一世骑马雕像

David

旧宫入口处，这尊米开朗琪罗的《大卫》是复制品，原作藏于佛罗伦萨学院美术馆。

1501年，米开朗琪罗受邀雕刻《大卫》。雕刻大卫的大理石材质上乘，在30多年前就从卡拉拉山上被采了下来，一直静静地等待着最伟大的艺术家。当这块至美的大理石被交到米开朗琪罗手上时，他凝视片刻说：“大卫已经在里面了，我只要把多余部分去掉就可以了。”这句话也成了艺术史上的名言。米开朗琪罗的《大卫》被称为世界上最美的男性。

乌菲齐美术馆
Galleria degli Uffizi

一路美术馆看下来，我们发现很少有中文导览。在乌菲齐美术馆，我看到牌子上写着23号售票窗有中文版导览册页可以领取。前往询问后，工作人员却说没有，目前只有日文版的，大概是因为来这里的中国人不多，美术馆就不再准备中文版导览了。

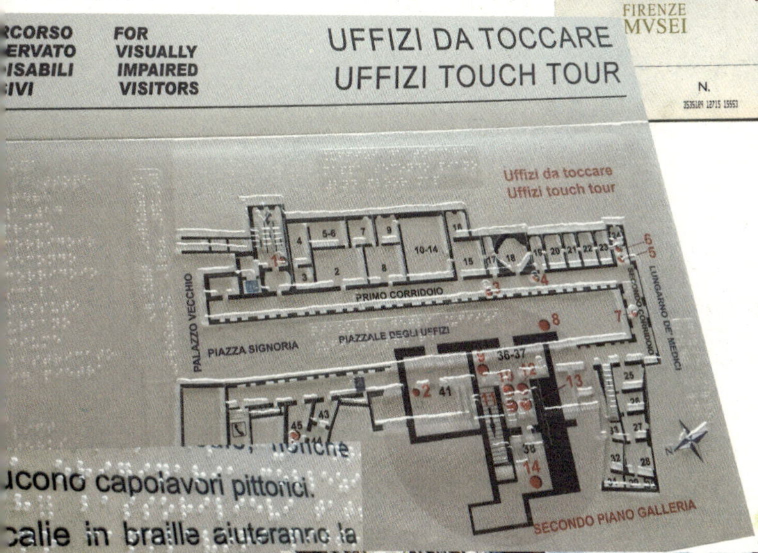

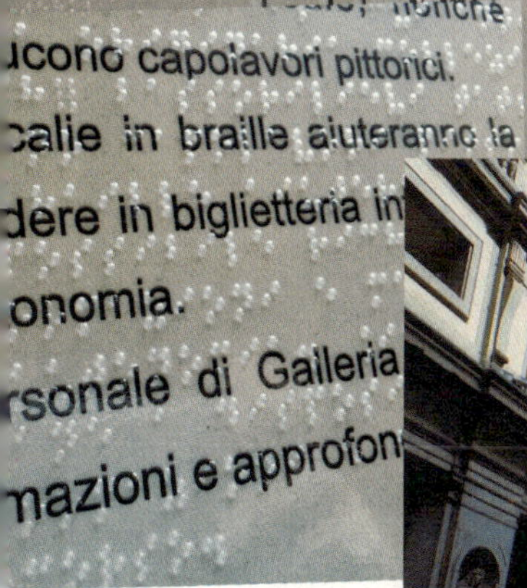

带有盲文的平面导览图与简介

乔托的《圣母子》在画面上方，帘幕展开，圣母抱着小耶稣走来。她的衣着有白、红、蓝三种颜色，分别象征着纯洁、爱和真实。她清秀的脸上有一种柔和的凝重，这分明显现着母亲的忧郁和无奈，也昭示了圣子的命运。圣子受到母亲的感染，似乎已经预知了自己肩负的使命，稚嫩的脸上显出深沉的哀伤和忧虑。他的右手有些畏缩地抓着母亲的衣角，似乎表明着心中隐约的恐惧。

《神圣家庭》是洛伦佐·迪·克雷蒂的作品。他是意大利文艺复兴时期的画家。早年曾经和莱昂纳多·达·芬奇一起在韦罗基奥的工作室工作。克雷蒂后期作品吸收了文艺复兴盛期作品的影响。虽然克雷蒂的画家职业生涯很成功，他拥有许多学生，但是由于其作品缺乏个人风格，所以死后影响力有限。

《乌尔比诺的维纳斯》是提香受乌尔比诺公爵的委托而画，可能是为了庆祝他在1534年时的婚礼。画中，一个传统的意大利式的箱被当作结婚礼物。后面的女佣在翻箱倒柜，显然是在寻找维纳斯的衣服。提香的这幅画中，床单的白和皱与身体的暖和滑造成强烈对比，小狗平衡人，红色的床平衡绿色的墙，而躺卧在床上的美人正与背后忙碌的女佣形成了静与动的对比。

《金丝雀圣母》是拉斐尔为商人劳伦佐·纳西与桑德拉·卡尼加尼1505年婚礼绘制的作品，于1547年戴巴尔迪路的房屋倒塌时损坏。自1504年起在佛罗伦萨作画的青年拉斐尔在此画中第一次尝试在前景中心画人物群，而在背景里画达·芬奇风格的景致。画面中，圣母玛利亚一手持书就坐，而圣子在其两膝之间爱抚着年幼的圣约翰给他的金丝雀。

La Nascita di Venere

维纳斯的诞生

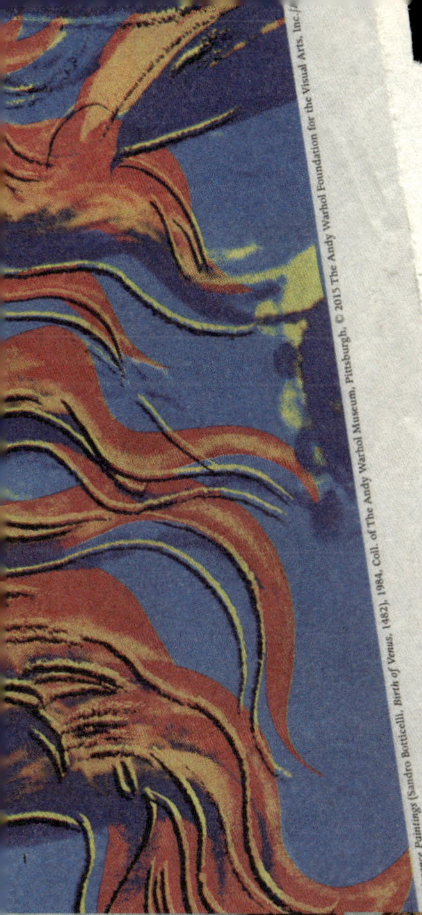

Renaissance Paintings (Sandro Botticelli, Birth of Venus, 1482), 1984, Coll. of The Andy Warhol Museum, Pittsburgh, © 2015 The Andy Warhol Foundation for the Visual Arts, Inc./

桑德罗·波提切利（Sandro Botticelli，1445—1510）是15世纪末佛罗伦萨的著名画家，欧洲文艺复兴早期佛罗伦萨画派的最后一位画家。受尼德兰肖像画的影响，波提切利又是意大利肖像画的先驱者，他最著名的代表作就是《维纳斯的诞生》。

画面所表现的是西西里岛的一个美丽的传说：一片漂亮的大贝壳漂浮在碧波荡漾的海面上，上面站着纯洁而美丽的维纳斯，翱翔于天上的风神轻轻地将贝壳吹到岸边，等候在岸边的春之女神正张开红色绣花斗篷，准备为维纳斯换上新装。维纳斯的美是无可比拟的，这种美是永生不灭的。

米开朗琪罗《圣家族》

画家描绘出约瑟、玛利亚专注于圣婴的天伦乐趣之中。

达·芬奇《天使报喜》

《圣经》上说，玛利亚许婚给木匠约瑟后，没有同房，就受到圣灵感召而怀了孕。天使加百列奉神的差遣，往拿撒勒城，见到玛利亚，对她说：“你在神面前已经蒙恩了，你将要怀孕生子，可以给他起名叫耶稣。”

卡拉瓦乔《酒神巴库斯》

此画描绘一位体态丰腴的青年酒神，头戴花冠，一手持酒杯，一手拿彩绦，捂在胸口。没精打采的样子显示为一种做作的姿势。罗马神话中的酒神巴库斯本是个身体健壮、性格外向的倜傥青年，但在这幅画上他只裸露半身，神态倦怠，目光斜视，若有所思。只有手上的酒杯提示着我们这是一位酒神。酒神前的静物，一篮水果被画得与肖像同样清晰。尽管油画笔法是严谨的，用色也精到，但仍给人一种没有内在气质的乏味感。

《沉睡的阿里阿德涅》

意大利佛罗伦萨乌菲齐美术馆藏的《沉睡的阿里阿德涅》，其原型可追溯到公元前3世纪。这是保存最完整的复制品。

画素描的那些年

见到各位“本尊”，才明白咱画的石膏像不知道翻制了多少回啦，与原作相差十万八千里呀。

本人这次拜见了诸位“大神”，深表歉意，因为把他们画得太走样啦，好在画得还算传神，痛苦的更痛苦，深沉的更深沉，快乐的更快乐。

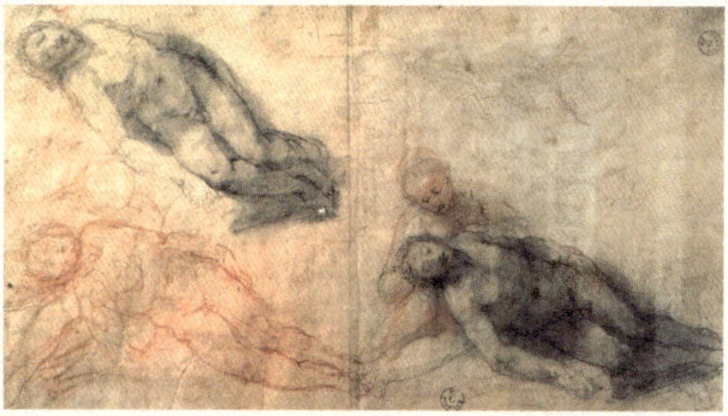

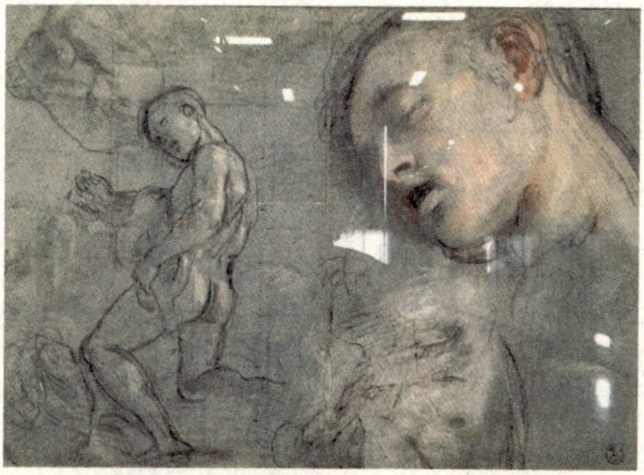

艺术家的创作手稿，画面多数都小于A4纸，绘画技巧娴熟，造型严谨。

圣母百花大教堂

在店门口的正对面，有这样一辆别致的自行车，这正是这家咖啡馆的招牌，很多客人与游客停下来在这拍照留念。

德尔·博尔戈咖啡馆

在领主广场旁边的小巷里，这家咖啡餐馆的客人进出很多，进去一看，里边空间还挺大，正值中饭时间，便坐下来点个意大利式汉堡充饥，必须再来一杯咖啡，这样的搭配似乎习以为常了。

佛罗伦萨人与狗

不只在佛罗伦萨，其实在意大利很多地方都可以看见人们牵着各式各样的狗出行。人能去的场合都有狗的身影，如机场、码头、火车站、商场超市等。有一点是相同的，就是不管在哪里，所有的狗都是牵绳的。偶尔在大街上也可以看见狗的便便。

皮蒂宫

Palazzo Pitti

皮蒂宫（Palazzo Pitti）是佛罗伦萨最宏伟的建筑之一，这座文艺复兴式建筑曾经是美第奇家族的宅邸，现在成了艺术馆。馆内满坑满谷的油画和雕塑，重点陈列的有拉斐尔、波提切利、提香等艺术家的作品。

一次看过这么多欧洲传统绘画后，我理解了为何西方会有现代艺术。文艺复兴以降的西方绘画是一个从写实到抽象的过程，实在是因为写实在文艺复兴时期达到了最高峰，后世不太可能超越，唯有不断地尝试新的风格。

中世纪和文艺复兴时期宗教是艺术创作最重要的母题。看了那么多宗教题 材的绘画，我最喜欢的还是拉斐尔的作品《西斯廷圣母》，拉斐尔之伟大就在于他表现了高贵的单纯与静穆的宏伟。

我惊叹欧洲大理石雕刻的精彩绝伦。皮蒂宫收藏着许多名不见经传的大理石雕刻作品，却同样美轮美奂。从人物的神情到肢体动态，从服饰的纹样到衣褶都雕得惟妙惟肖，令今人折服。

每天都有咖啡喝

是件很幸福的事

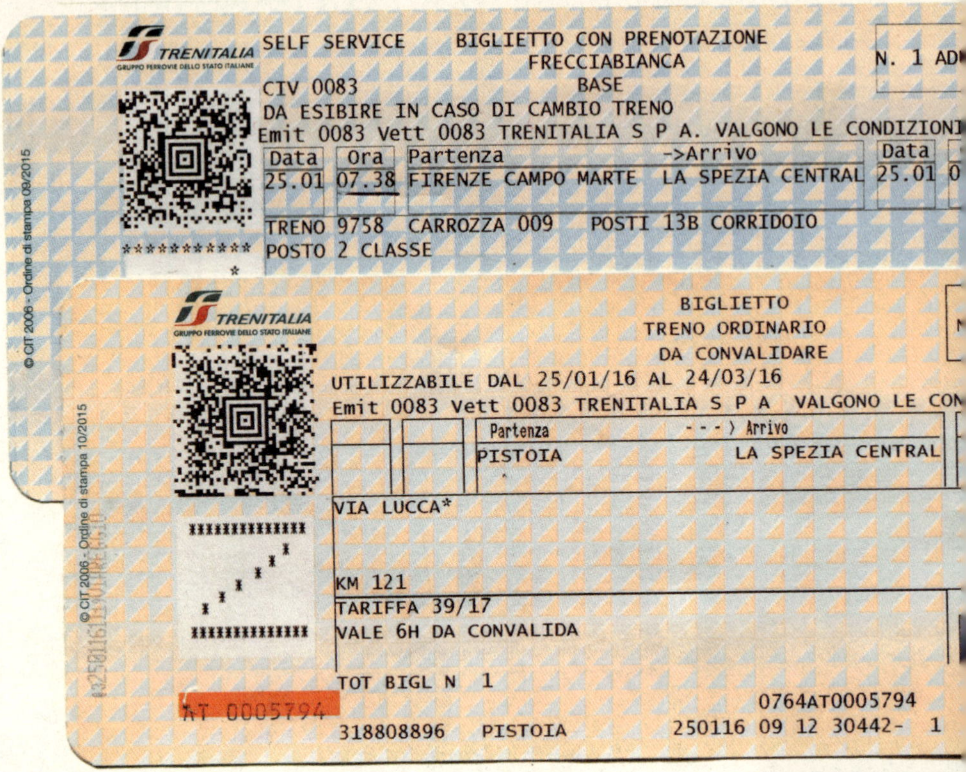
TRENITALIA
GRUPPO FERROVIE DELLO STATO ITALIANE
SELF SERVICE BIGLIETTO CON PRENOTAZIONE
FRECCIABIANCA
BASE
N. 1 AD
CIV 0083
DA ESIBIRE IN CASO DI CAMBIO TRENO
Emit 0083 Vett 0083 TRENITALIA S P A. VALGONO LE CONDIZIONI
Data Ora Partenza ->Arrivo Data
25.01 07.38 FIRENZE CAMPO MARTE LA SPEZIA CENTRAL 25.01
TRENO 9758 CARROZZA 009 POSTI 13B CORRIDOIO
POSTO 2 CLASSE
© CIT 2006 - Ordine di stampa 09/2015

TRENITALIA
GRUPPO FERROVIE DELLO STATO ITALIANE
BIGLIETTO
TRENO ORDINARIO
DA CONVALIDARE
UTILIZZABILE DAL 25/01/16 AL 24/03/16
Emit 0083 Vett 0083 TRENITALIA S P A VALGONO LE CON
Partenza ---> Arrivo
PISTOIA LA SPEZIA CENTRAL
VIA LUCCA*
KM 121
TARIFFA 39/17
VALE 6H DA CONVALIDA
TOT BIGL N 1
AT 0005794
0764AT0005794
318808896 PISTOIA 250116 09 12 30442- 1
© CIT 2006 - Ordine di stampa 10/2015

day 7.

2016-01-25

今天的计划是游览韦内雷港，要从佛罗伦萨乘火车到拉斯佩齐亚再转乘大巴前往。由于是在国内预订的车票，没有留意中转信息，我们乘坐的车到皮斯托亚就不走了，所以我们只好出站又买了皮斯托亚到拉斯佩齐亚的票。在拉斯佩齐亚火车站的香烟店买了去韦内雷港的11路P线的大巴票。

站台上候车的女孩和她的大金毛。狗狗和它的主人一样非常和气，任我抚摸，我当时真的非常想念家里的阿丑。

拉斯佩齐亚火车站广场的雕塑

Porto Venere 韦内雷港

一对老人坐在我的对面。一路上就这么卿卿我我，时而默默对视，时而低声细语，尽管我一句都听不懂，还是能够感受到他们的无限温情。两人的手始终握在一起，那份浪漫与甜蜜溢于言表，着实令人感动和羡慕。

为带她回家而设计的包装

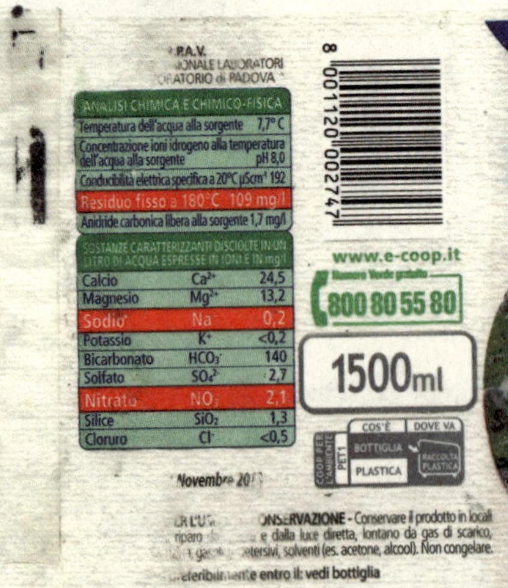

"COOP"是意大利规模最大的连锁超市。

她在窗下整理植物，见我好奇就要送我一盆，我说太大带不了，她就折下一小枝给我。

Chiesa di San Lorenzo
圣洛伦佐教堂

走进建于11世纪的圣洛伦佐教堂，里边非常清静，不像我们的庙宇总是烟雾缭绕，香客众多，声音嘈杂。在一个角落坐着一位老妇人，只见她静静地发呆，我的进入似乎搅扰了她，或许她刚好祈祷完毕，只见她提起手杖，默默地离开了教堂。

圣彼得教堂是一座罗马式天主教堂，位于诗人湾韦内雷小镇的尽头。教堂修建于1198年，黑白双色部分是13世纪所建。

教堂前长方形的广场被石墙围起来，石阶一点点向上延伸，尽头的教堂显得庄严而肃穆。从教堂一侧的拱廊往外可以看到一望无边的美丽海景。

在遗迹介绍牌上看到，Portovenere 被拆写成 Porto Venere。拆写，诠释了这地名的含义：Porto意为港，Venere在意大利语中意为维纳斯，她是罗马神话中的爱神、美神和执掌生育与航海的女神。Portovenere伸入海中的岬角，一边守着海港，一边遥望大海，赋予了小港护航和呼唤盼望的气质，可谓名副其实的“爱神港”。

常见的中文译名“韦内雷港”，音似，但丢了魂。如果我为她取中文译名，我会叫她“维纳瑞港”，我觉得这个名字更适合“爱神”。

意大利诗人欧金尼奥·蒙塔莱(Eugenio Montale)曾为该教堂作诗。他写道：“爱神港是地球上的一个特殊之地，在这里海洋、陆地、天空正试着与你对话。”

是的。天、地、海与你对话，这正是我此刻的奇妙感觉。

教堂建于海边的半山腰，地势优越，顺着石阶来到教堂，推开虚掩的大门，里边没有灯光。从窗口可以看到大海和对面的小岛，也可以遥望远方五渔村所在的海岸。教堂内部陈设相对简朴，同样是黑白两色。教堂附属的堡垒和钟楼有抵御外敌的功能。这个教堂可以说是韦内雷港的灵魂所在，美而精致。站在教堂平台看山观海，心旷神怡。

走出教堂，沿着岬角小路向前走，经过一片墓地，这里或许就是生活在小岛上的人们最后的归宿。面朝大海，一望无际。

在岩石间有一座名为《自然母亲》的青铜塑像，这位母亲似乎是在期盼出海的亲人平安归来。

守望

MATER NATURAE

Lello Soorzelli （1921 — 1997）

韦内雷港的建筑很特别，沿着岸边造的小楼都是彩色的，而在它们背后的山坡上一层一层都是用石头垒起来的低矮的房子。岛的最高处是一座古老的城堡。每家每户的门牌都是陶瓷烧制的，上面都有一个统一的图形，或许是韦内雷港的标志。

巴士站旁的自助加油站标示着两种油品的价格。

在离开韦内雷港的大巴上，又遇见这位老先生。他把老情人送回家，独自一个人返程，看上去若有所思，似乎还沉浸在刚才的幸福和甜蜜中没回过神来，也有几分失落。后来他和我们一样在拉斯佩齐亚下车，消失在被暮色笼罩的人群中，或许他们下一次甜蜜的约会不会相隔太久吧。

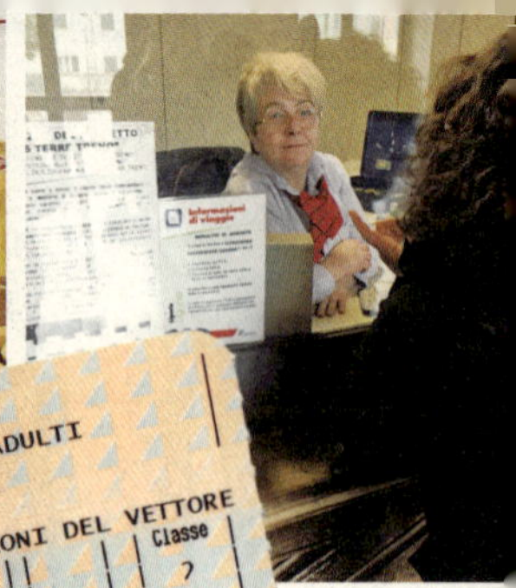

到了火车站先买票，售票员慢条斯理地和我们交流，没有一点不耐烦，态度非常和善。而后我们在站内买了两份麦当劳套餐，一份7.45欧元。

刚上车时车厢很空，后来或许是到了下班时间，回佛罗伦萨的人越来越多，车厢里也开始熙熙攘攘了。回到佛罗伦萨的科隆纳之家已经是夜里9点多了。

day 8.

2016-01-26

巴杰罗博物馆地处于佛罗伦萨市中心，是佛罗伦萨最古老的建筑之一，它不仅是佛罗伦萨哥特式建筑的代表，也是佛罗伦萨第二大国立博物馆。

巴杰罗美术馆
Museo Nazionale del Bargello

巴杰罗美术馆（Museo Nazionale del Bargello）建于1255年，外形像一座堡垒，最初是市政厅。1574年后又改为法院及监狱。当时一楼是酷刑室，中庭是执行死刑之处，死者还会被挂在钟楼旁的窗户外面，直到1780年彼得大公爵（Grand Duke Peter Leopold）才废除刑囚的工具及绞刑架。1865年，经过装修，巴杰罗美术馆正式成为意大利的一座国家博物馆，陈列有文艺复兴时期（14—17世纪）的雕塑、工艺作品。

一楼藏有米开朗琪罗的雕塑——著名的《酒神巴库斯》和《圣母和圣婴》。《酒神巴库斯》中酒神微醺之状惟妙惟肖。二楼藏有多纳泰罗的《大卫》和《圣乔治像》。多纳泰罗的人物雕像与中世纪庄严而生硬的圣徒像已经相去甚远，显得朴素生动。其他藏品还有波洛尼亚的《墨丘利》，这个众神的信使凌空疾飞的轻快和优美是对古典雕塑庄严和沉重规则的颠覆。

多纳泰罗在西方艺术史中的地位相当尊贵，堪称文艺复兴雕塑艺术的开山鼻祖。他49岁时创作的大卫青铜雕像，是他一生的代表作。在米开朗基罗的《大卫》问世之前，已经出现过许多同样题材的作品，但都不能与多纳泰罗的这一件相提并论。在“翡冷翠”享有“国父”美誉的柯西莫一世·德·美第奇很是喜欢这尊精巧别致的大卫像，特意将它安置在自己宫殿的内庭中央。这尊大卫像应该与斩杀哥里亚时期的大卫年龄相符，展现的是大卫斩杀哥里亚后，手握宝剑，脚踩对手首级的神态。这是一尊极为优美可爱的雕塑。多纳泰罗并没有把大卫塑造成一个理想化的的英雄，而是凸显了符合大卫真实年龄的人性化的一面：有一点点得意，有一点点调皮，也有一点点妩媚，活脱脱一个带着一点点稚气的，却又豪气干云、风流倜傥的英俊少年。

佛罗伦萨
中央市场
MERCATO
CENTRALE
FIRENZE
1874

一百四十多年历史的老市场，入口大门仍那么艳丽。

意大利的物价很便宜，各种食材都非常新鲜。

市场的过道上有一架钢琴，路过的小伙子即兴弹上一曲。

来来来，看中国大叔给你画一幅。
恰好遇见艺术生在市场画人物速写。
教授你看，那位中国大叔浪费了我一张纸。
俺家的牛肚包就是好吃。
LA CAFFETTERIA
Nerbone

中央市场里人气最旺的地方非Nerbone摊位莫属。这家以平民美食牛肚包出名的大排档自1872年起就有了，历史竟长过中央市场，吸引了世界各地的食客，甚至很多人来中央市场只为了尝下牛肚包。

料理大叔熟练地从大锅里叉起大块饱含汁水的牛肚或牛肉，切成片，夹在一分为二的梅花形面包中，令人垂涎的牛肉包、牛肚包顷刻就呈现在眼前。一口咬下去，肉感十足，香浓肉汁满口。掌柜大叔看到你满意的表情就会向你竖起大拇指。

营业时间：
周一至周六
07：00—14：00
周日休息。
价格：
牛肚包：3.5欧
牛肉包：3.5欧

salse e intingoli fiorentini
Mercato Centrale
S. Lorenzo
1872
NERBONE
Tel. 219949
Aperto dalle 7 alle 14
CHIUSO LA DOMENICA
2016.1.26.
Buon appetito
NERBONE DUE S.A.S.
INT. MERC. CENTRALE ST. 292
FIRENZE-TEL. 055-219949
PARTITA IVA
REPARTO 01
TOTALE €
CONTANTI
7,00
7.00
OP#1
NR.0151 26/01/16 06:20
PZ#1
S5 72001448
Panini
Bollito
dal 1872
NERBONE
ra tradizione
«Bettola» ed anche
one» Bistecca a cena
esso a colazione

Basilica di Santa Maria del Fiore

圣母百花大教堂

在那些狭窄的街道里，我仿佛还能听到文艺复兴时期那辉煌的马蹄声，建筑和绘画也还闪耀着文艺复兴时代的光芒。世界上庄严雄伟的教堂很多，但很少有教堂能如此妩媚。这座使用白、红、绿三色花岗岩贴面的美丽教堂将文艺复兴时代所推崇的古典、优雅、自由诠释得淋漓尽致，难怪会被命名为“花之圣母”。

圣母百花大教堂原址是建于4世纪的圣·雷帕拉塔教堂。1296年，洛伦佐·迪·乔凡尼·德·美第奇出资建造新的教堂，花了175年时间才最终建成。天才建筑师布鲁涅内斯基仿造罗马万神殿设计的教堂圆顶，是古典艺术与当时科学的完美结合，连教皇也惊叹为“神话一般”，一位音乐家专门为它作了一首协奏曲。后来米开朗琪罗又模仿它设计了梵蒂冈圣彼得大教堂，却不无遗憾地感叹：“可以建得比它大，却不可能比它美。”

最不可思议的是，布鲁涅内斯基没有画一张草图，也没有写下一组计算数据，仿佛整座圆顶已经在心里建好了。他的墓就在教堂地下，教堂广场上他塑像的手指着他心爱的圆顶。

INRI

圣母百花大教堂作为佛罗伦萨的主教堂，是一座哥特式建筑，由建筑师阿诺尔福·迪坎比奥（Arnolfo di Cambio）于1296年动工建造。外部由鲜艳的三色大理石块拼成几何图形，极为显眼而壮观，结构设计应用了建筑学、几何学等多个领域的原理，不得不让人佩服设计师的智慧。巨大的砖红色圆顶是由精通罗马古建筑的工匠布鲁内列斯基（Brunelleschi）设计建造的，堪称建筑史上的一个奇迹。在建造拱顶时布鲁内列斯基完全抛弃了脚手架，只靠八根伸向中心的鱼肋状巨大顶梁来向上合拢，支撑整个大圆顶的重量。他没有采用当时流行的“拱鹰架”圆拱木架，而是采用了新颖的“鱼刺式”的建造方式，从下往上逐次砌成。在实际施工时还必须使用轻重量的材料、快干的灰泥，才可使巨大的屋顶不至于因过重而塌落，一件旷世绝品也由此诞生。

圆顶内部是瓦萨里所绘制的穹顶画《末日审判》，大厅墙壁上有壁画《乔凡尼·阿古托纪念碑》和为纪念但丁200周年诞辰所绘的《但丁与神曲》，浮雕比比皆是。登上教堂北侧的463级台阶到达圆屋顶，可以俯瞰整个佛罗伦萨老城区的街景。

在佛罗伦萨老城游走，总能不期然地看见教堂红色的八角穹顶，白色、粉色、绿色的大理石拼出几何图案，装饰出了教堂的古典优雅。这座教堂既是城市的中心，又是信仰的中心，夕阳斜照下闪耀着迷人的光彩。

坐在街边的咖啡馆，点杯意式浓缩，随手画上几笔，无限惬意。

KONJUNKTUR
Konsum, Konsum, Konsum: Der gedopte Aufschwung
Jahrelang war die Exportstärke Deutschlands den europäischen Partnern ein Dorn im Auge. Nun boomt die Binnenwirtschaft – und wieder hat Deutschland ein Problem.
VON JÖRN BENDER
Renault
5894-930 11184-99
ARICO

Lorenzo dé Medici
1449.1.1~1492.4.9
洛伦佐·德·美第奇

圣洛伦佐教堂（Basilica di San Lorenzo）是佛罗伦萨最古老的教堂之一。它是佛罗伦萨最显赫的名门望族——美第奇家族的礼拜堂，也是美第奇家族的安葬陵墓。美第奇家族是意大利文艺复兴时期最重要的文化艺术赞助家族，对文艺复兴起了很大的推动作用。

美第奇家族给佛罗伦萨留下了丰厚的遗产，包括乌菲齐美术馆、皮蒂宫、波波里庭院等。

FERDINANDVS II M D ETR

圣洛伦佐教堂

Basilica di San L

圣洛伦佐教堂内的美第奇礼拜堂（Cappelle Medicee）有米开朗琪罗为美第奇家族的洛伦佐和朱利安诺陵墓所作雕塑《昼》《夜》《晨》《暮》。米开朗琪罗用人体表达了关于生命、时间、死亡的思考，人体几乎成了他表现主题的唯一手段，他以具有力量感的人体来表达异常复杂的情感。

《夜》:这是一个身材优美的女性，但身体的肌肉松弛而无力，她右手抱着头，正在沉睡，脚下的猫头鹰象征着黑夜的降临，枕后的面具则象征着恶梦缠身。她似乎已经精疲力尽，只有在梦境中才能得到安宁。

orenzo

《昼》：这似乎是一个未完成的男性人体雕像，他好像刚刚从睡梦中被惊醒，左手在背后支撑着身体，眼睛圆睁着，正越过自己的肩头向前方凝视着。

《暮》:这是一个强壮的中年男子。他松弛的肌肉无力地下垂着，面部表情显示他沉浸在平静的反醒中，或许是由于苦闷而在发呆。

美第奇家族陵墓和其雕塑作品是纪念碑式的杰作，同时也是米开朗琪罗艺术生涯中重要的转折点。尤其是这四件雕像所表达出的不安、紧张以及带有辛酸的屈从，正是作者心灵深处的真实写照。作者面对处于动荡之中的意大利现实社会，人文主义的理想破灭了，他的思想开始变得深沉和苦闷，作品中留下的只有对祖国命运的担忧和对人类未来的感伤。这些雕塑作品表示意大利文艺复兴的黄金时代已经过去了，并成为后来“样式主义”美术作品的先驱。

《晨》：女人的形象是处女的化身，她丰满而结实，全身焕发出青春的活力和光辉，似乎正从昏睡中挣扎着苏醒过来，但没有欢乐，只有身体和精神上的痛苦。

圣若望洗礼堂呈八角形，坐落在主教座堂广场，与圣母百花大教堂和乔托钟楼相对。是该市现存最古老的建筑之一，建于1059年到1128年，采用了罗马式建筑风格。洗礼堂以其在艺术上很重要的洛伦佐·吉贝尔蒂（Lorenzo Ghiberti）的三组刻有浮雕的青铜大门而著称。这些门由于非常美丽，被米开朗琪罗称为“天堂之门”，被称为开启了文艺复兴。

但丁等许多文艺复兴领袖和美第奇家族成员，均在此受洗。直到19世纪末，所有佛罗伦萨天主教徒均在此受洗。

天堂之门
Gates of Paradise

Piazzale Mich
米开朗琪罗广场

走过喧闹的老桥，沿着河边走着，嘈杂声渐渐远去，转眼来到了米开朗琪罗广场。抬眼望去，广场中央耸立着米开朗琪罗《大卫》的复制品。

这座广场1865年由建筑师朱塞佩·波吉（Giuseppe Poggi）设计，兴建于1869年。当时佛罗伦萨是意大利的临时首都，这里进行了一项城市复兴计划：在右岸，将14世纪的城墙改建为环形马路；而在阿诺河左岸的圣米尼亚托山顶上修建了广场，成为可观看城市全景的露台。

这座广场用于纪念文艺复兴时期的伟大艺术家米开朗琪罗，点缀着一些他留在佛罗伦萨的著名作品的复制品，在《大卫》的下边，还有佛罗伦萨圣洛伦佐教堂里的美第奇礼拜堂中的寓言雕塑《昼》《夜》《晨》《暮》。这些复制品均用青铜制作。1873年6月25日，波吉设计了广场上的新古典主义风格的凉廊，在凉廊下方阳台的墙上有如下铭文："佛罗伦萨建筑师朱塞佩·波吉，这里是他的纪念碑。"

此刻，雨过天晴，落日黄昏，伫立在广场远眺佛罗伦萨老城区，圣母百花大教堂的圆顶和乔托钟楼在夕阳下闪烁着文艺复兴的熠熠光芒。

elangelo

day 9.

2016-01-27

早上7:00出门，天蒙蒙亮，环卫工人在清运垃圾，他们的工作服颜色鲜艳并有多条反光带，在灯光下格外耀眼，让他们有了很好的安全保障。

在佛罗伦萨火车站右边的汽车站坐SITA大巴公司的大巴去锡耶纳（Siena），买票时要了一张圣吉米亚诺回佛罗伦萨的时刻表，方便计算好回程时间。

从佛罗伦萨坐大巴去锡耶纳要一个半小时，这一路经过的是意大利最美的托斯卡纳地区，一路上风景如画，当时真希望大巴一直开下去，不要停下来。

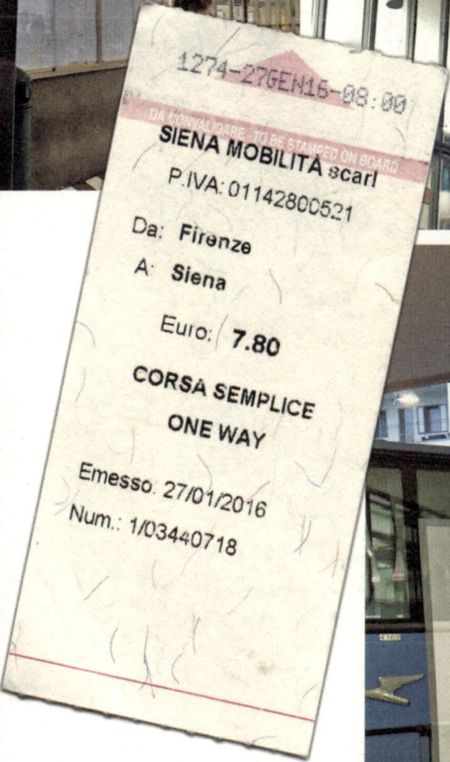
1274-27GEN16-08:00
DA CONVALIDARE - TO BE STAMPED ON BOARD
SIENA MOBILITÀ scarl
P.IVA: 01142800521
Da: Firenze
A: Siena
Euro: 7.80
CORSA SEMPLICE
ONE WAY
Emesso: 27/01/2016
Num.: 1/03440718

中世纪小城锡耶纳离佛罗伦萨50千米，是文艺复兴时期的另一个金融贸易和艺术中心。

SIENA 锡耶纳

锡耶纳位于南托斯卡纳地区，建在阿尔西亚和阿尔瑟河河谷之间基安蒂山三座小山的交会处。建立于公元前29年，全城为典型的哥特式风格。 风靡全球的甜点“提拉米苏”即起源于此哦。

广场是城市中心，所有的街道都通向这里，广场的祭坛上每天都有公开弥撒，由于住房和商店都面向广场而建，因此居民和手工艺人不必走出家门或停下手中的活就可以听到弥撒。

曼吉亚塔楼是锡耶纳最高的建筑也，是意大利第二高的塔楼，垂直高度达到102米，游客可以通过55层的阶梯达到顶端钟楼，俯瞰锡耶纳城的美景。

这天，细雨蒙蒙，钟楼的顶端笼罩在雨雾中，增加了几分神秘。

CARABINIERI

贝壳广场（Piazza Del Campo）上的喷水池

这是锡耶纳最著名的田园广场，又名贝壳广场。广场正对面是锡耶纳市政厅和塔楼，市政厅内有市立博物馆，里面藏有锡耶纳学派的众多绘画作品，包括安布罗吉奥·洛伦泽蒂（Ambrogio Lorenzetti）的《好政府寓意》和《坏政府寓意》。锡耶纳人生活中的重要事件都在广场上进行。每年夏季的7月2日和8月16日，著名的锡耶纳赛马节就在广场上举行，届时几乎所有居民都会聚集到广场来，气氛十分热烈。

锡耶纳大教堂是意大利最大的教堂之一，融合了罗马式和哥特式的建筑风格，里面有多纳泰罗和米开朗琪罗的雕塑作品，以及华丽的壁画。

冬雨一直淅淅沥沥地下，游客很少，四周静静的。徜徉在古街，只有我的脚下发出有节奏的湿淋淋的声音。

锡耶纳大教堂

Duomo di Siena

大教堂的建筑风格和佛罗伦萨的大教堂风格极其相似，设计者曾立志建成世界上最大的教堂，但是一场瘟疫导致没有按照设计完全完工。教堂的正面是极其华丽的立面雕像，侧面则铺满了墨绿色和乳白色的大理石。进入教堂内部，黑白相间的大理石饰面把人一下子带入中世纪奢华的哥特式氛围。每一处雕像，每一幅壁画，都极尽了艺术工匠的毕生所学，承载着几个世纪天主教信徒的祈愿和信仰，让人叹为观止。难以想象，如果以原设计完工，这将是多么震撼的工程。

在曲折迷离的老街巷中拐弯抹角地行走，赭色的罗马式建筑和周围的灰蓝丘陵形成弱对比。罗马式建筑总是透着一种只属于中世纪的朴素与厚重，大量的哥特式建筑和喷泉又增加了锡耶纳的华丽，狭窄的哥特式拱廊常常出现在逼仄的小巷里。行走在这样的历史街巷中感知岁月流转留下的印迹，小城锡耶纳美得你不想离开。

土耳其肉卷

在锡耶纳逛好，已经过了午饭时间，在去汽车站的路上走进一家小吃店，买了一只土耳其肉卷。这小哥太给力，切了很多烤肉，又加了很多蔬菜和调料，由于放的料太多，一张面皮都包不住，小哥又包了一张。撑死我了，还剩下半只带在路上吃。

锡耶纳 W.C.

在锡耶纳巴士站买好去圣吉米亚诺的车票，在售票处旁边有公厕，入口处有一个装置。要去方便一下，一摸口袋没有零钱，不投币闸门进不去，里边的黑人管理员示意我走边上的门进去。钱给他，他给我找零，五毛一次，相当于人民币三块五。这次方便有点小贵。

锡耶纳有直达圣吉米亚诺的大巴，车程一小时左右。远远看见高高的塔楼，圣吉米亚诺快到了。

0487-27GEN16-12:55
CONVALIDA
SIENA MOBILITA'scarl
C.F. E P.IVA 01142800521
BIGL. C.S.
CONVALIDARE CONVALIDARE CONVALIDARE
TOVALIDATE TOVALIDATE TOVALIDATE
SIENA
SAN GIMIGNANO
6,00 EUR
5216965
27/01/2016 12.30
Busweb.it 13672798
5216965
SAN GIMIGNANO
CARTINA UFFICIALE
OFFICIAL CITY MAP
ASSOCIAZIONE PRO LOCO
SAN GIMIGNANO
Ufficio Informazioni Turistiche
Prenotazioni strutture ricettive
Tourist information centre
Accommodation booking service
P.zza Duomo, 1 San Gimignano (SI)
+39 0577 940008
info@sangimignano.com
www.sangimignano.com
Associazione
PRO LOCO
San Gimignano
Terre di Siena

圣吉米亚诺
SAN GIMIGNANO

圣吉米亚诺
SAN GIMIGNANO

圣吉米亚诺是个被城墙环绕的中世纪小城，小到只有居民约8000人，满城尽是罗马式建筑，以独具特色的中世纪塔楼闻名。这些塔楼是中世纪时期用来抵御外敌的。如今，当年的72座塔楼只余下13座，昔人已去，只留下中世纪的刀光剑影。举目四望，高低错落的塔楼组成了古城迷人的天际线。除了塔楼，圣吉米亚诺还完整地保留了中世纪的建筑：市政厅、城门、罗马式的巴西利卡教堂和宁静美丽的小广场。因为是淡季，没有熙攘的游客，走在这样纯粹的中世纪古城中有种不知今夕何夕的刹那恍惚。圣吉米亚诺在1990年被列为世界文化遗产，成为意大利最著名的小镇之一。

T

Jetzt Freunde werden!

Einfach Antrag ausfüllen und im Esprit Store abgeben

☐ Frau ☐ Herr

Vorname

Nachname

Geburtsdatum (z. B. 25.11.1979)

Unbedingt ausfüllen – Dies ist Ihr Start-Passwort bei esprit.com/friends, das Sie beim ersten Einloggen ändern sollten.

Straße Hausnummer

PLZ Stadt

Land

Freiwillige Angaben: **Jetzt E-Mail-Adresse eintragen und 200 EXTRA-E-POINTS sammeln.**
Wir können Sie sonst nicht mit exklusiven Informationen und Aktionen versorgen. Bitte haben Sie Verständnis dafür, dass nicht alle Informationen auch postalisch versandt werden können – der Umwelt zuliebe. Bei Angabe Ihrer E-Mail-Adresse willigen Sie widerruflich ein, dass die Esprit Europe GmbH Ihnen Informationen per E-Mail zuschickt.

E-Mail-Adresse

Bei Angabe Ihrer Telefonnummer kann Sie die Esprit Europe GmbH zu Qualitäts-Kontrollzwecken anrufen. Ihre Telefonnummer wird nicht zu Telemarketing-Zwecken verwandt, es sei denn, Sie willigen in eine solche Nutzung separat ein.

Telefon

Mobil

☐ Diese Karte ist **Zweitkarte** für Kartennummer:

☐ **Ersatzkarte** – Wenn möglich Nummer der alten Karte eintragen:

Ihre vorläufige Karte
ESPRIT
3740457012
Esprit Friends Service
00800 00 377 748
esprit.com/friends
Newsletter:
« Immer up-to-date »
Alle Vorteile bei Esprit Friends per E-Mail
- die neuesten Esprit Styles und Trends
- exklusive Einladungen zu Special Events
- exklusive Gewinnspiele
200 E-POINTS geschenkt!
Alle Vorteile bei Esprit Friends per E-Mail. Registrieren Sie jetzt Ihre E-Mail-Adresse auf www.esprit.com/friends und Sie bekommen 200 EXTRA E-POINTS geschenkt*!
*EXTRA e-points tragen nicht zum Erhalt des Gold/Platinum Status bei.
Piazza della Cisterna

圣吉米亚诺
SAN GIMIGNANO
老街

LE LETTERE

FOTO
LA BOTTEGA DEL SALE

Collegiata di Santa Maria

圣母玛利亚升天大教堂

圣吉米亚诺大教堂又名圣母玛利亚升天教堂，是古城内最大的教堂，始建于12世纪，是一座罗曼风格的教堂。教堂内部的博物馆藏有众多中世纪和文艺复兴时期锡耶纳画派的作品，其中比较有名的是皮耶尔·丹迪尼的《圣母生子》。因为古城依山而建，所以教堂正面是一个比较高的台阶，台阶前面则是大教堂广场，毗邻水井广场，也在东西和南北主干道的交汇处。

Assunta

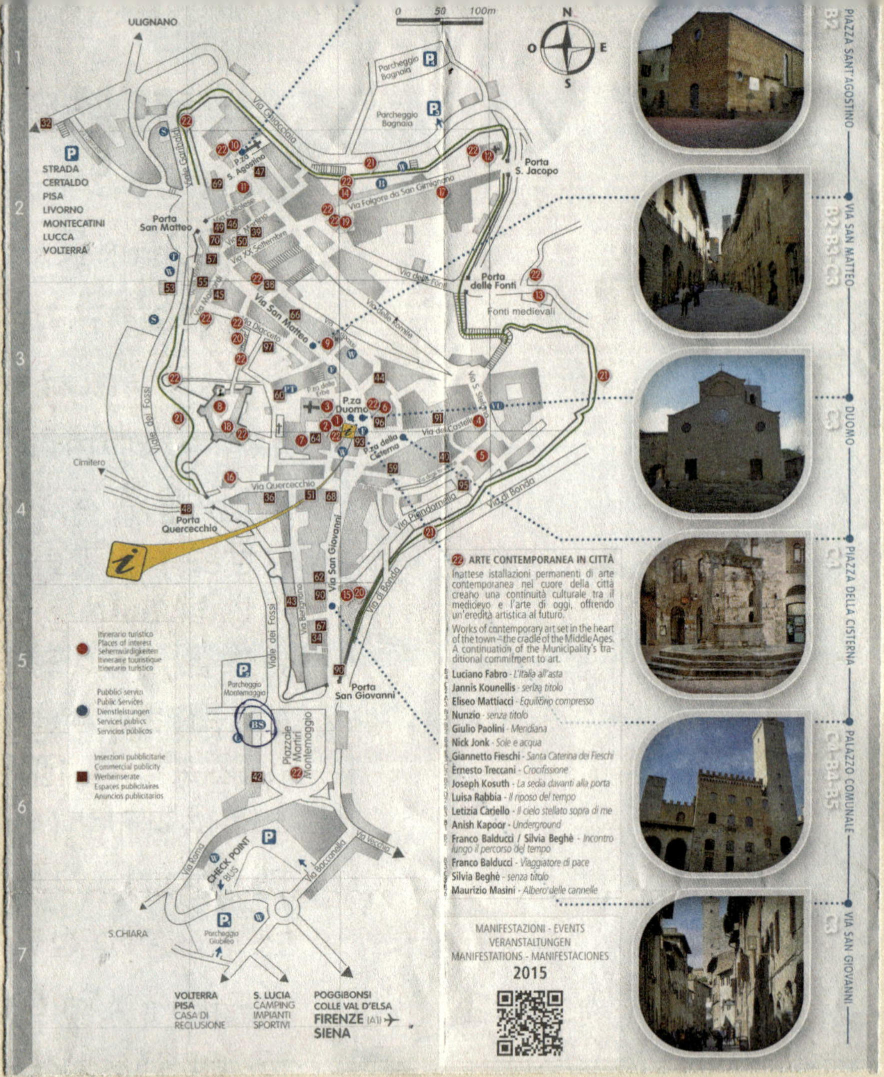

在大教堂广场的问询处 i 我拿到了这张古城的地图，买好了回佛罗伦萨的巴士票，工作人员在地图上给我标明了候车的地点。

圣吉米亚诺老街和城外公园的凳子、垃圾桶、路灯、邮筒的调性和古城是那么协调！虽然造型、色彩、材质都是现代的，但毫无违和感。

I l 26 luglio del 2011 il
cial Times dava notizia che
Bank si era di-
FRIEN
Jetzt
Freunde
Tel. 041 578541
www.stefar.it
stefar@stefar.it
Immediata
13: «Nessun caso di
bia in ospedale».
ABBADIR A PAGINA 31

Goodbye
n Gimignano
contromano
tanto di bara
A PAGINA 24
orrore
go
opsia
ita
ENEZIA.IT
ZO A PAGINA 29
CONVALIDA
SIENA MOBILITA'scarl
C.F. E P IVA 01142000521
BIGL C.S.
SAN GIMIGNANO
FIRENZE
€ 6,80
27/01/16 15:24 4261898
www.busweb.it 13673803
4261898
dale
n caso
EBUTTO
vale
nezia
o e acqua
nnaregio
ALLE PAGINE 21 E 38
EDICOLA A EURO 8,80
calaluna
CALALUNA
HOTEL - CAFFE' - PASTICCERIA
Via G. Marconi, 70 - 30024 Musile di Piave (Venezia)
Telefono: 0421 53303
tiemme

在漆黑的夜晚回到了佛罗伦萨，最后一次走过佛罗伦萨古老的街巷，这样斑驳的时间痕迹让我对这个城市爱不释手。广场的旋转木马停止了喧嚣，彩灯却依然闪烁。清冷的街道，远处的脚步声像幽幽的花香一样传来，大教堂的红色圆顶在寒冷、透着蓝光的天空中有种穿越时空的美轮美奂。

再见，科隆纳之家

day10.

2016-01-28

罗马
ROME

很早就起来了，恋恋不舍地离开了科隆纳之家。昨夜细雨绵绵，路面倒映着古老的城市。佛罗伦萨，我想还会有机会再来的。

.Italo

从佛罗伦萨到罗马，坐高速列车只需一个半小时。

Italo是由NTV公司运营的高速铁路的商业名称，NTV是意大利高铁网上第一家独立运营的火车公司。目前NTV已与意大利铁路公司共同承担起火车游意大利的重任。意大利的这辆AGV Italo高铁采用了法国阿尔斯通公司技术，最高速度为574千米/小时，运营速度为360千米/小时，它被称为欧洲“法拉利高铁”。

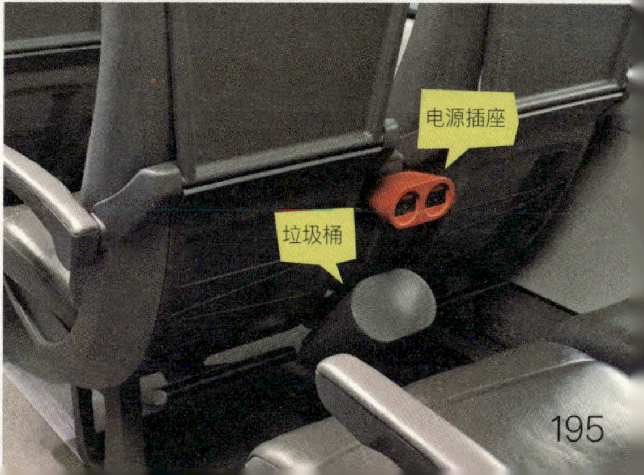

走出熙熙攘攘的罗马火车站，我们用手机地图定位了预订的Residenza Montecitorio酒店，看看距离也不算太远，加上初来乍到对公共交通设施还不十分了解，于是就决定步行前往，其实也是想沿途领略一下罗马的风貌。

途中看见一座红砖建筑，打量一下，原来是安吉利圣母教堂。这时一位意大利大妈经过，不无自豪地翘起大拇指指向教堂说："Michelangelo。"说完继续赶路了。我暗暗感慨，连一位普通大妈都知道这里有"米开朗琪罗"，哈哈，或许她根本就不普通。在这里我看见了米开朗琪罗晚年时的作品。

BASILICA
S.MARIA DEGLA ANGELI MAR

TIME ELEVATOR
PALAZZO DELLA CANCELLERIA - ROMA
Tour Now!
13 LANGUAGES AUDIO GUIDES
A BUS EVERY 20 MINUTES
LEPANTO
Piazza del Popolo
Ponte Margherita
Mausoleo Augusto
Ara Pacis
Ponte Cavour
Palazzo di Giustizia
Ponte Umberto I
FIUME TEVERE
Piazza Pio XII
Via della Conciliazione
P.zza Navona
Pantheon
Palazzo Montecitorio
Palazzo Chigi
Tempio Adriano
Area Sacra
Corso Vitt. Em.
Via Arenula
Lungotevere dei Vallati
Ponte Garibaldi
Isola Tiberina
Ponte Fabricio
Ponte Cestio
P.zza G. Belli
Trastevere
Ministero dei Beni Culturali
Porto di Ripa Grande
Parco San Alessio

MUSEO DELLE CERE
SINCE 1958
zza SS. Apostoli, 68/A - Tel 06.679.64.82
FONDAZIONE BIOPARCO di ROMA
Info: 06.3608211 · www.bioparco.it
Piazzale del Giardino Zoologico, 1
SEGWAY TOURS
PHONE +39 333 167 0205
segwayfunrome.com
Hard Rock CAFE
VIA VITTORIO VENETO 62 a/
+39 06 4203051
METRO STOP BARB
RM
RESIDENZA MONTECITORIO
ROMA
Via delle Convertite, 5 - 00187 Roma (angolo Via del Corso)
Tel +39 06 69922826 - Fax +39 06 4883300
www.montecitorioroma.it - info@montecitorioroma.it
amministrazione@montecitorioroma.it
ICE BAR
OPEN EVERY DAY from 5 p.m. till late
2x1
SHOW THIS MAP ON ENTRY AND GET 2nd FREE DRINK WITH YOUR ADMISSION
ICE CLUB
Ice Club
Villa Medici
Trinità dei Monti
Palazzo Margherita
BARBERINI
TERMINI
Stazione Termini
Santa Maria Maggiore
Piazza Venezia
Foro Traiano
Colosseo
Domus Aurea
Parco Traiano
Arco di Giano
S. Maria in Cosmedin
Aventino
Santi Giovanni e Paolo
San Giovanni Laterano
Piazza Vittorio Emanuele II
Teatro dell'Opera
Ministero Difesa
Ministero Interno

metrebus € 1,50
BIT
www.euroma2.it
metrebus € 1,50
www.euroma2.it
metrebus € 1,50
BIT Biglie
FANDVFO
ATAC S
P Iva 06341
Euro 1,50
Vale 100 minu
una sola corsa metro
Emiss.: 30/01/2016 09.04
71 182A01A3 00149671 149671
Scad.: 30/01/2016 10:43
30012016 09:03 02021541A M
Le condizioni di trasporto disponibili sul sito www.atac.roma.it e sul circuito informativo di Atac S.p.A. presente sul territorio.
metrebus € 1,50
BIT
www.euroma2.it
A Roma paghi la sosta anche con il telefonino
atac.roma.i
metrebus € 1,50
BIT
A Roma paghi la sosta anche con il telefonino!
atac.roma.it/sosta
I titoli di viaggio devono essere convalidati all'inizio di ogni viaggio. I titoli Metrebus sono validi su tutti i mezzi del Trasporto Pubblico Locale di: Atac (autobus, tram, metropolitana e ferrovie Roma Lido, Roma Giardinetti, Roma Viterbo), Cotral e Trenitalia (solo 2^cl.) all'interno del territorio di Roma Capitale. I titoli Atac non sono validi sui mezzi Cotral e Trenitalia. I titoli Atac a tratta sono validi solo sulla linea Roma - Viterbo. Il titolo di viaggio non é cedibile.
Cognome
Nome
Data di nascita
Biglietto Integrato
BITQOR065
Vale 100 minuti, 1 sola corsa metro/treno
Valid for 100 minutes, 1 metro/train trip only
Emiss.. 01/11/2015 10:30
1010027
Scad : 01/02/2016 09:33
01022016 07:53 02021431 M
A Roma paghi la sosta anche con il telefonino!
atac.roma.it/sosta
I titoli di viaggio devono essere convalidati all'inizio di ogni viaggio. I titoli Metrebus sono validi su tutti i mezzi del Trasporto Pubblico Locale di: Atac (autobus, tram, metropolitana e ferrovie Roma Lido, Roma Giardinetti, Roma Viterbo), Cotral e Trenitalia (solo 2^cl.) all'interno del territorio di Roma Capitale. I titoli Atac non sono validi sui mezzi Cotral e Trenitalia. I titoli Atac a tratta sono validi solo sulla linea Roma - Viterbo. Il titolo di viaggio non é cedibile.
Cognome
Nome
Data di nascita

Rome Metro Map (Lines A and B)

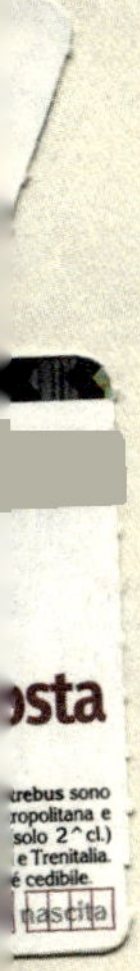

其实自动售票机使用方法很简单：

1. 选择目的地
2. 放入硬币或纸币
3. 取票

在进站口还设有人工售票窗口，人工售票给的票都是很漂亮的，而机器出的票都是没有彩色画面的，所以我喜欢在人工售票窗口买票。

西班牙广场

Piazza di Spagna

2016.1.28

我在广场伫足，只是为了在阳光下，
在空气中感受《罗马假日》中奥黛丽·赫本
那惊世的美丽和灿烂的爱心。

罗马假日

Vacanze
Romane

(Roman Holiday)

1953.8

美国派拉蒙公司出品

主演：格利高里·派克
　　　奥黛丽·赫本

Fontana
della
Barcaccia
破船喷泉
贝尼尼作品。

MONTIANO
ORNELLAIA
BOLGHERI
RISERVA
Osteria Barberini
cucina e benessere
Il Ristorante di Roma,
al Centro dei Tuoi
Desideri
Specialità al tartufo
Carne & Pesce
Prodotti freschi di giornata
Sapori e profumi della
tradizione
ROMA - Via della Purific
Tel./Fax 06/47433
Family Restaurant
Truffle Specialties
Meat and fresh fish - Carne e Pe
Carte di credito - All credit cards
Open lunch and dinner - Aperto pr
Air conditioning - Aria condi
www.osteriabarberini.com
e-mail: info@degustibusroma
VIA VENETO
VIA DEI CAPPUCCINI
CAPO LE CASE
Osteria Barberini
cucina e benessere
Via della Purificazione 21 - 00187 Roma
Tel./Fax 06 47.43.325
www.osteriabarberini.com info@degustibusror
DEGUSTIBUS S.r.l. - P.Iva 0990819100
Pezzi Descrizione Prz.Unit
2,00 LASAGNA TARTUFO+PO 14,00
Totale EU
PreConto N.4 Del:28/01/16 13:
TAV.N. 7
Sig.

意大利黑松露宽面

在旅游攻略上有人推荐，到意大利一定要尝尝这一款特色食品，而且点名这家的面最好吃，所以我来了。

DOM

DOM
Rome
DOM
Via Aracoeli, 6 - 00186 - Roma
tel. 06.6991738 - 06.6797878
p.iva 00898911003
info@domrome.com
www.domrome.com

走在罗马街头，无意间经过这家店，走进去一看，是一个家居用品店，DOM Rome是意大利非常有名气的家居连锁品牌。意大利人对于色彩的使用有其极其鲜明的个性，店内大致分两个区块，一块是含灰的“大自然色系”，一块是鲜艳的时尚色系，两者截然不同，但又相互兼容渗透，相得益彰。

plastique
métal
verre

从小在这样的环境里成长，那还了得。

UBIQUA
SELETTI
€ 76
PANTONE

PIZZA CUTTER
BONE APPÉTIT

DOM
Rome

圣母玛利亚大教堂

这座教堂的建造说起来还有个传说故事。公元4世纪的盛夏，有一天圣母玛利亚托梦给教皇利伯略说，这个地方将会出现奇迹，8月份将会下雪。后来教皇宣布，如果真的出现这个奇迹，他便在这里建造一座教堂以纪念圣母升天。结果当年的8月15日真的下雪了。教皇便兑现诺言，在该处建造了这座教堂。这个教堂也是世界上第一个以圣母玛利亚命名的教堂，是罗马以圣母命名的教堂中最大的。该教堂自建成以后，历经多次改建。

Chiesa di Santa Maria della Vittoria 维多利亚圣母教堂

贝尼尼的作品《圣特蕾莎的沉迷》是巴洛克雕塑的高峰之作，收藏于一间不出名的小教堂——就在共和广场边上的维多利亚圣母教堂，这座教堂在罗马众多宏伟的教堂里实在太不起眼，之前我们来回经过好几次都没发现，今天特意赶来此地，只为了看贝尼尼的这件伟大的作品。

我们到时已经黄昏，教堂内光线暗淡，祭坛的灯也没开，教堂内鲜有游客。我进去请了神父来开灯。当神父来到雕像左边的角落合上电源开关的一刹那，一束顶光洒下，笼罩了整个雕像，我顿时惊呆啦。

圣特蕾莎的沉迷

这是奉献给西班牙圣徒圣特蕾莎的。特蕾莎是16世纪西班牙的一个修女，她在书中描述过上帝之箭刺入内心时夺魄销魂的一刻，这件雕塑表现的正是此时此刻特蕾莎带着痛苦与狂喜的沉迷。

天使拿着上帝之箭温柔地走近她的身旁，她的面部表情强烈，半闭的双眼，张开的嘴唇，表明她正处在极乐的忘我之中。上面金色的光线倾泄而下，特蕾莎欲乘上帝之光而去，她的衣褶没有用古典雕塑下垂、庄严的范式来处理，而是凌乱地缠绕、回旋，充满了激情与动感。如果你还记得古典雕塑的庄严和优美，就不难发现贝尼尼巴洛克雕塑的新颖和不守陈规，这组雕像有着巴洛克风格艺术家所追求的强烈的激情和华丽的装饰的一切特征。

S MARIA DELLA VITTORIA

神父默默地为我们开启了教堂内所有的灯，我知道他是在用这样的方式迎接客人。

意大利的门环

游走意大利，偶然发现了门上的图腾，它们形态各异：传统的，时尚的；破旧的，簇新的；鲜艳的，黯淡的；华丽的，质朴的；威风凛凛的，纤细秀美的……门环是一座建筑的序曲，握住它，推开门，后面就是"他们的生活乐章"，门环与建筑风格的和谐搭配，也表现了主人的气质与审美。

欧洲门环（把手）基本为金属材质，以铜和铁为主，有铸造的，也有打制的。最基本的造型是"圆环"，欧洲人在门把手上做尽了文章，加入了狮子、女神、植物等元素，为门环注入了生命。门环大概跟我们的门神一个道理，用以镇守宅院。

芬兰建筑设计师Juhani Pallasmaa说："门环，是'与房屋的握手'，当你的手握住它们，就仿佛真切地向建筑的主人道了一声'Hello'。"

PANTHEON

万神庙

万神庙（Pantheon）是罗马最古老的建筑之一，也是古罗马建筑的代表作之一。正面门廊采用了科林斯石柱和三角额墙的古希腊神庙的建筑形制，正殿以巨大的罗马式穹顶覆盖，是罗马穹顶技术的集大成者。拱状的屋顶有一个圆形开口，柔和的漫射光从天顶倾泻而下，富有宗教的沉静和神秘，巨大的穹顶仿佛自由地在你头顶盘旋，好似第二个天穹。

0m
10m
20m
30m
40m
50m
60m
70m

POLIZIA
ROMA
CAPITALE

INRI

万神庙是古罗马人用来膜拜众神的庙宇，曾是现代的结构技术出现以前世界上室内空间跨度最大的建筑。大穹顶直径达43.3米，顶端高度43.3米，穹顶中央开有一个直径8.9米的大圆洞，柔和的天光照亮神庙内部，显得宏伟壮观并带有宗教的神秘气氛。穹顶以混凝土浇筑而成，底部厚6米，顶部厚1米。为减轻自重，穹顶内表面做成网格状方形凹格，同时也起装饰作用，大厅中心地面微凸，以白色大理石为主拼成图案。支撑穹顶的墙厚达6.2米，沿墙均布7个壁龛，正中为一个大门廊，门廊有三排共16根石柱，柱身为红色花岗石，柱头以白色大理石制成，采用科林斯柱式，形象庄重肃穆。

纳沃纳广场
Piazza Navona

纳沃纳广场是典型的巴洛克风格的广场。贝尼尼设计的两个引人注目的喷泉分立于广场中心和南端。广场中心的四河喷泉是贝尼尼著名的作品，四个人像分别代表欧洲的多瑙河、非洲的尼罗河、亚洲的恒河和美洲的拉普拉塔河，中间的方尖碑上刻有教宗的盾形纹章和象征圣灵的鸽子，四河喷泉是为教权张目，意为教会的权力遍及天下。南端是贝尼尼设计的莫罗喷泉。

广场上有座巴洛克盛期的教堂——圣阿涅塞教堂，由著名建筑师博洛米尼设计。不难看出教堂仍然属于文艺复兴建筑，但巴洛克风格的漩涡纹和曲线已经遍及装饰细部。

四河喷泉
Fontana dei Quattro Fiumi

这个广场上有很多街头艺术家在卖画以及为游客们画肖像。

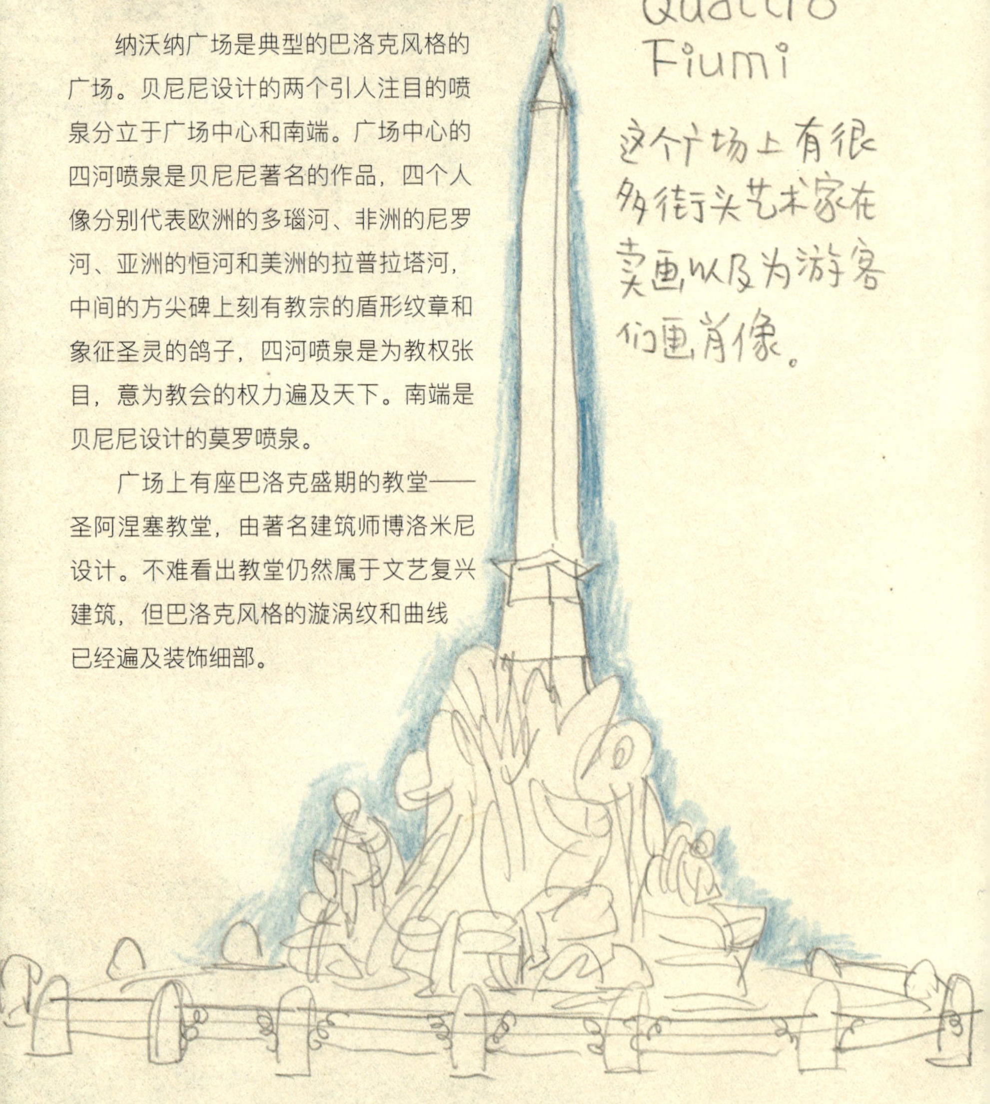

海神
尼普顿
Neptunus
大战章鱼

Colosseo

只有来过斗兽场才算真正来过罗马。远远望去，人头攒动，熙熙攘攘，这里大概是各国游客最多的地方啦。卖票的地方离斗兽场入口有些距离，入口的队伍排得很长。其实有好几个入口，但人们大概习惯了排队，哪里有队伍就排在哪里。我们在工作人员的指点下从另外的入口进入，基本没有排队。

罗马斗兽场位于罗马市中心，在威尼斯广场南侧。外面看是圆柱形，俯视是椭圆形的。占地2万平方米。长轴约188米，短轴约156米，周长527米，围墙高约57米。可容纳近9万观众。

MINISTERO DEI BENI E DELLE
ATTIVITÀ CULTURALI E DEL TURISMO
DENZA SPECIALE PER IL COLOSSEO, IL MUSEO
E L'AREA ARCHEOLOGICA DI ROMA
Col-For-Pal Singoli Intero
Colosseo - Foro/Palatino
1200RAYJ600RHR
M:1011.79.160129.823
Vale 2 giorni consecutivi incluso il
Valid 2 days in a row included: 29/01/2016
Entro le ore (Within): 15:30
Ingressi (Quantity): 1
2016-01-29T14:10:48 euro 12,00
incluso supplemento mostra
VALE 1 ENTRATA COLOSSEO e 1 FORO-PALATINO/VALID 1 ENTRANCE COLOSSEUM AND 1 FORUM/PALATINE
AI503191434

ROMA
COLOSSEO

威尼斯广场（Piazza Venezia）在罗马的市中心，五条大街的会合处。正面的弧形建筑是维克多·埃曼纽尔二世纪念堂，是为了庆祝1870年意大利统一而建造的，历时25年才建成，是一座新古典主义风格的建筑，庄重典雅。18、19世纪，西方很多纪念性质的建筑和官方建筑都采用新古典主义，如法国巴黎的先贤祠、美国的白宫。

纪念堂16根圆柱形成的弧形立面是它最精彩的部分，台阶下两组喷泉寓意深刻：右边的象征第勒尼安海，左边的象征亚得里亚海。中央骑马的人物塑像就是完成了意大利统一大业的维克多·埃曼纽尔二世。无论日晒雨淋，总有两名士兵和两支熊熊燃烧的不熄的火炬纹丝不动地在这里守护着无名战士墓。

图拉真记功柱

图拉真记功柱记述的是公元101年，罗马皇帝图拉真对达契亚人发动侵略战争，最后征服达契亚的故事。环绕柱身有23圈浮雕，长达244米，顶宽1.22米，底部宽0.9米，描绘了图拉真亲自率领军队征服达契亚人的经历。

浮雕上图拉真手握长矛，目光炯炯，亲率军队，鼓舞士气；士兵们驻足静听，斗志旺盛。浮雕细致描绘了人物的服饰、武器及表情。全部浮雕共有2500个人物，具有写实的风格特点，所有人物都采用同样尺寸，看起来十分壮观宏伟，有着极强的史诗感。

记功柱以浅浮雕形式铺陈了一幅表现征战全过程的宏大画面。浮雕以前进式散点透视方法 ，逐步描绘了行军、驻营、攻战、捕俘、祭献等一系列活动，以及整场战争的过程。

正午的阳光洒在斗兽场、凯旋门和附近那些引人遐想的遗迹上。古罗马废墟正是无情时间遗留其上的标记，是这个都城从盛到衰的挽歌。无论今天看起来如何破败，毕竟曾经辉煌过。我们通常想当然地认为，废墟通常意味着诗意、浪漫与乡愁，而城市则不入画，没有美感，两者似乎天然对立，然而罗马市中心保留的废墟与周围现代的城市景观却融为一体。我想起了意大利美学家艾柯的一段话："和谐不是没有对立，而是对立物之间的平衡。"看过罗马市中心的废墟你会深有同感。

在街上会经常看见全副武装的士兵，特别是在重要的景点以及有大型集会的场所。有他们的身影就有安全感。

在斗兽场旁边有一大片古罗马的废墟，总有很多人在这里对着这些残破的建筑发呆，似乎在想象古城当年的繁华景象。

废墟面积非常大，分可入区和非可入区，从入口走到出口用了两个多小时。

最后的出口在威尼斯广场维克多·埃曼纽尔二世纪念堂的背面。

有时候残缺也是一种美。和完整的建筑相比，残缺的美是难以言喻的，它足以震撼你的心灵，唤起你的想象。

古罗马废墟，是一曲余音未落的古罗马帝国的挽歌，是一部闪烁着文明、智慧和创造的史书，是一座永远高耸在人们心头的丰碑！

一对老夫妻坐在街边，老先生伴着悠扬的蓝调音乐唱着低沉的情歌，妻子在他身边甜美地微笑，就像恋爱中的少女。

走在街上，看见一位小男孩坐在路边，用一架残破的手风琴演奏着，他是那么泰然自若。

夜幕降临，走在回酒店的路上，我们感受到了当地人的生活状态，相隔不远就会遇见这样的场景：唱歌的、演奏乐器的、跳舞的，他（她）们前边都摆着琴盒或其他容器，里边都有路人放进去的纸钞和硬币；围观的人很多，有时观众也会加入同歌共舞。这是一个乐观的民族。

这是酒店路边的一支四人乐队，两个贝斯手边弹边唱，女生用铃鼓敲打节奏，扭动着腰肢。整条街都为之兴奋，路人跟着节奏手舞足蹈——罗马人到底“有耳朵”。快10点时我去喝咖啡，又跑下去看，琴盒里已经有好多钱了，这个晚上他们收入不菲呢！

na
Nazione
Felice

在地铁站的通道里，看见一家三口，妈妈和爸爸拉手风琴，孩子拿着杯子站在前面，和爸爸一起和着音乐歌唱。看长相和听音乐风格，可以猜出他们是南美洲人。一家人笑容灿烂，卖艺卖得自信快乐。

罗马地铁的标志很简单，一个再简单不过的“M”，红底白字，非常醒目。

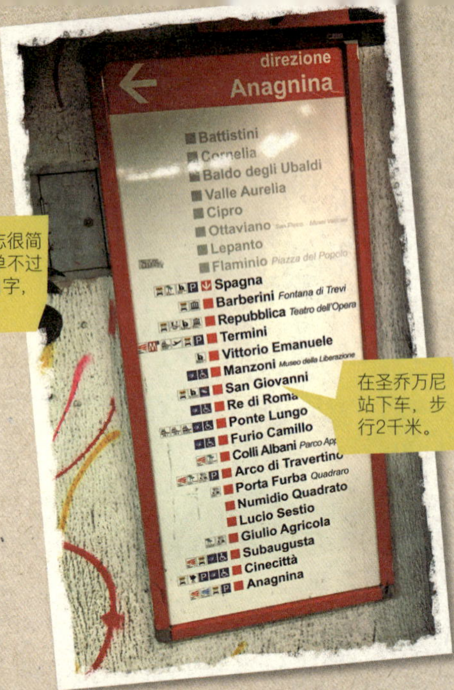

在圣乔万尼站下车，步行2千米。

早起乘地铁去圣乔万尼大教堂，此时罗马的地铁里人很少也很安静。

day 12.

2016-01-30

圣乔万尼大教堂
San Giovanni in Laterano

圣乔万尼大教堂位于罗马郊外拉特兰，坐地铁到圣乔万尼站下。罗马有四大著名的教堂，圣乔万尼大教堂是罗马仅次于梵蒂冈的圣彼得大教堂的第二著名大教堂，另外两个是圣玛丽娅大教堂和圣保罗大教堂。

一路上遇见很多修女和修士，同路前往教堂。

修道士腰间的绳子叫“圣索”(Cincture)，它是腰带的一种，用以固定长白衣。亦提醒人要常束上腰，警醒祈祷。

瞅啥呢?

跟着一群朝圣的修女到了大教堂，这天正好有大型的唱诵仪式，乌泱泱一大群修女、修士，黑的白的黄的各种肤色的人都有。当地电视台在做盛况直播。

圣保罗大教堂在罗马城外。罗马其实不大，从西班牙广场坐地铁2号线到圣保罗站只需十几分钟。走出地铁口，步行几分钟就看到了这个钟楼，它坐落在教堂的后面。从钟楼左转就绕到圣保罗大教堂的正门入口啦。

圣保罗大教堂

圣保罗大教堂是仅次于圣彼得大教堂的罗马第二大教堂。这座恢宏的宗教圣殿伫立的地方就是圣保罗在公元67年被斩首后的葬身之处。教堂在公元4世纪由君士坦丁建造。1823年，教堂大部分毁于一场大火，如今你看到的大部分建筑都是19世纪重建的。

这座教堂是罗马唯一带有花园的教堂，科林斯石柱和连拱组成的回廊美得令人遐想。

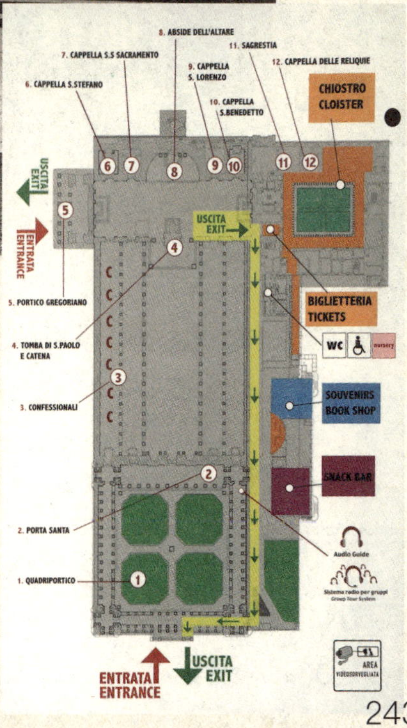

圣保罗大教堂

教堂内部的花窗很特别，不是采用彩色玻璃，而是将大理石切割磨成薄到能透光的薄片。每一扇窗的花纹都不一样，采用镜像相拼的形式镶嵌，美丽异常。

在威尼斯广场的一家餐馆吃过午饭，已经快下午2点了，于是我们步行去博盖塞美术馆。

购票的时候才得知这家美术馆只给游客两个小时的参观时间，游客须分批进入。买好票，离进馆还有一些时间，我们等在院子里，看到来参观的游客越来越多。

Galleria Borghese
博盖塞美术馆

这里本来是西皮·奥内·博盖塞的别墅，他是贝尼尼的赞助者，也是著名的收藏家。美术馆设于宾西亚丘陵上的博盖塞公园内，馆内收藏了大量贝尼尼的作品，其中最重要的是《阿波罗与达芙尼》《普鲁托和普罗塞尔皮娜》以及贝尼尼自己充当模特的《大卫》，另外还有拉斐尔等大师的作品。

帕奥莉娜·波拿巴夫人像

帕奥莉娜是拿破仑的妹妹，嫁给了博盖塞家族的卡米洛亲王，新古典艺术家卡诺瓦为她雕了这尊半裸斜卧像，精美华丽，姿态与风韵仿如维纳斯。

卡诺瓦还曾经为拿破仑本人雕过一尊巨大的裸体像。尽管在当时裸体美已是人们审美鉴赏的普遍风尚，可是用裸体来表现当代统治者或最“高贵的”夫人，在18世纪末19世纪初的法国，也属于大胆之举。拿破仑对卡诺瓦说，他更喜欢着衣的雕像。卡诺瓦不敢反驳但是委婉地说：“上帝本人也不会创造出一尊穿着现代化服装的美的雕像的。”

阿波罗和达芙妮

这尊雕塑表现了阿波罗的手触到达芙妮身体时的一瞬间，两人都处在乘风奔跑中，身姿轻盈、优美。在雕塑的表现中，达芙妮的身体如此温润与真实，她开始变成月桂树，行走如飞的腿幻化为树干植入大地，飘动的头发和伸展的手指缝中长出了树叶。然而，达芙妮的整个身体仍具有凌空欲飞的姿态。她侧着头，眼睛斜视，目光由惊恐变为麻木。阿波罗眼睁睁地看着达芙妮变成了月桂树，他的神情由惊讶转为悲伤，但他却无力挽回。他的一只手仍然放在达芙妮的身体上，另一只手则向斜下方伸展，同达芙妮的手臂形成一条倾斜的直线向上升入天空。

大卫

这尊大卫是贝尼尼在25岁时完成的杰作，与米开朗琪罗创作大卫像时的年龄相当。这位8岁就在教皇面前表演素描而技惊四座的天才少年，和米开朗琪罗一样也是艺术史上罕见的全才。在罗马城中几乎到处都可以看见他华丽壮观的作品。

当时的教皇乌尔班八世与他开玩笑："你们能经历巴贝利尼（教皇的姓氏）的时代真是幸运，但我们更该感到幸运的是，洛伦佐·贝尼尼居然就生活在我当教皇的时代。"

雕塑艺术在贝尼尼的手中已经到了炉火纯青的地步，冰冷僵硬的大理石经过他魔幻般的双手，立刻就会有血有肉地鲜活起来。如果单纯地从观赏和艺术的完美的角度上看，贝尼尼艺术造诣几乎可以说达到了出神入化，无与伦比的程度。

布鲁托和帕尔塞福涅

雕塑取材自神话故事。传说谷物女神的女儿帕尔塞福涅采花时，土地突然裂开，冥王布鲁托（希腊神话中称作哈迪斯）跳出来把她劫走，并强娶为冥后。这组雕像所展示的是冥王的狂暴与少女挣扎的冲突。少女在凄楚地喊叫，脸上挂着晶莹的泪珠，这泪珠就要从腮边滚落下来。整个形象对比强烈，富有戏剧性。无论从动势的节奏感，还是从形象的内心的激愤表现来看，贝尼尼的高超的技艺都是惊人的，艺术家在坚硬的大理石上表现出了皮肤的细腻与柔软。正像他自己在回忆制作这尊雕像时所说的"青年时期，我没有错误地凿过一刀……"他那种不知疲倦的创作热情，就像他的组雕的旋律一样狂热。有人说，大理石在他手中好像成了一些柔顺可塑的软材料，连不易被人窥见的地方，他都做得那样细腻圆润。巴洛克雕刻的特点，就如在这两尊雕像上所见到的，是华美的形式和娴熟的富有装饰性技巧的完美结合。

雕像告成后，博得了全罗马的赞赏。一夜之间，贝尼尼成了宫廷内谈话的中心。贝尼尼当时激动地说，他热情地工作，热爱他制作的对象，他好像不是在加工，而是在吞食大理石。

天顶壁画的绘画技法是一种已经沿用了几百年的技法——湿壁画技法，是使墙壁绘画保持最久的表现形式。先在作画的墙上抹上粗糙的灰泥，形成“粗灰”层。草图就描画在这层灰泥上，然后渗进墙壁里。然后再在其上覆盖一层“细灰”层，并且在上面重画一遍草图。画家在这层潮湿的新灰泥上，用以水调和的颜料作画，在这一阶段，颜色和墙壁就会永久地融合在一起。

卡拉瓦乔

卡拉瓦乔真正确立了明暗对照技法，这种画法加深了阴暗部分，强光集中在主要的描绘对象上，有一种舞台戏剧效果。他与另一位巴洛克大师贝尼尼分别占领着意大利巴洛克艺术绘画和雕塑的高峰。

《手提歌利亚头颅的大卫》中歌利亚的头颅是卡拉瓦乔的自画像，是画家的自我反省。这幅作品被认为是卡拉瓦乔最杰出的代表作之一。

卡拉瓦乔曾将自己绘作酒神狄奥尼索斯的形象。不同于素来伟岸欢愉的酒神，卡拉瓦乔笔下的酒神头戴桂冠却面色青白，脸上充满了狂欢之后的空虚和疲惫。尼采认为，酒神精神喻示着情绪的发泄，是抛弃传统束缚回归原始状态的生存体验，人类在个体消失与世界合一的绝望痛苦的哀号中获得生的极大快意。不得不说，尼采和卡拉瓦乔在这一点上达到了一致。在这幅《病态的酒神》里，酒神卡拉瓦乔仿佛在嘲讽着世人：喝酒吧，狂欢吧，生命是如此空虚而短暂，为何不打破一切？

《捧果篮的男孩》是一幅“肖像＋静物”油画。卡拉瓦乔最喜欢描绘“生命稍纵即逝”的主题，即使是在这幅蕴含着各式色彩，主角亦俊美白皙、正值青春年少的明亮画作《捧果篮的男孩》中，我们仍能嗅出“时间”与“死亡”的哀愁。

与文艺复兴时期巨匠们优美精致的作品截然相反，这正是卡拉瓦乔有意逆势而为。画中果篮里由鲜绿变成赭石色的，仿佛正在变软的水果和逐渐枯萎的叶子，暗示着尘世万物的稍纵即逝。卡拉瓦乔呈现给我们一个最真实的自然，他寻求的不是美，而是真。所以，他画出正在枯萎和死亡的水果，上面有明显被昆虫侵咬过的痕迹，用以呼唤人们注意万物最终的结局。

孩子们在老师或家长的带领下参观美术馆，这样的场面几乎在每个美术馆或博物馆里都能见到。

老师都是有“备课”的，她们手里都拿着相关的资料，边对照边讲解；孩子们都非常安静，听得聚精会神。我最喜欢看这样的场景，这就是最好的艺术熏陶。

走出博盖塞美术馆，天边已是落日余晖。罗马的树造型很别致，球形的树冠一团连着一团，犹如墨绿色的云朵飘在空中。

在回酒店的路上吃过晚餐，沿着用方形石块铺砌的老路走向繁华的街区。抬眼望去，在道路尽头有一座方尖碑，我知道那里就是人民广场。

圣伯多禄大教堂(St. Peter's Basilica Church)又称圣彼得大教堂、梵蒂冈大殿。由米开朗琪罗设计，是位于梵蒂冈的一座天主教宗座圣殿，建于1506年至1626年，为天主教会重要的象征之一。

day3

2016-01-31

梵蒂冈 vaticano

梵蒂冈博物馆每个月的最后一个星期日免费开放，我们特意计划在这一天来参观。一早就往梵蒂冈赶，老远就看到蜿蜒的长队，看来全世界人民都爱免费。我们足足排了两个多小时的队才进去，这还是在淡季。如果在旺季，还是提前预约比较可靠，携程和淘宝上都可以预约购票。

梵蒂冈博物馆汇聚了众多教会500多年来的各式藏品，有古埃及、古希腊、古罗马的雕刻，中世纪的宗教画和文艺复兴时期的大量艺术珍品，除了乔托、安吉利科、达·芬奇、拉斐尔、卡拉瓦乔、普桑等古典画家的作品外，还有达利、马蒂斯、克里姆特、克利等现代画家的作品。在一间小展厅看见我喜欢的意大利画家莫兰迪的一批画作。在开始批量化生产的20世纪，他画的瓶瓶罐罐不断超越大量生产造成的局限，寻找日常物品的平凡之美，就如意大利美学家艾柯所言："莫兰迪至死追寻的美，其奥秘或许就在这里，美出人意表，从覆盖日常物品的灰锈里源源涌出。"

米开朗琪罗以人体作为表达感情的主要手段，其雕刻作品刚劲有力、气魄宏大，充分体现了文艺复兴时期生机勃勃的人文主义精神。

1498 年，年仅 23 岁的米开朗琪罗开始为罗马圣彼得大教堂创作大理石群雕像《哀悼基督》，两年后即告完成。作品取材于《圣经》故事：耶稣基督被钉死在十字架上后，圣母玛丽亚抱着死去的儿子无比悲痛。米开朗琪罗将圣母刻画成一个年轻、貌美、恬静、典雅的少妇，她默默地俯视着死去的儿子，沉思、哀悼。耶稣静静地躺在圣母膝上，面部表情安祥。整座雕像沉浸在肃穆气氛中，并洋溢着人类最伟大的母爱情感。它已大大超出了题材的限制，将生与死、痛苦与慈爱化为一体，和谐统一，赞美了人的崇高理想和优秀品质。作品一经问世，立即引起轰动，人们不相信它出自一个年轻人之手，为此，米开朗琪罗将自己的名字刻在了雕像中圣母胸前的衣带上，这是他一生中唯一署名的作品。

MUSEI VATICANI
MUSEI VATICANI

埃及博物馆 Museo Egizio

进入梵蒂冈博物馆之后，第一个参观区就是埃及博物馆。这里展出大量的石碑、雕塑、棺材、木乃伊等古埃及文物，从中可以感受几千年前的古埃及文明。

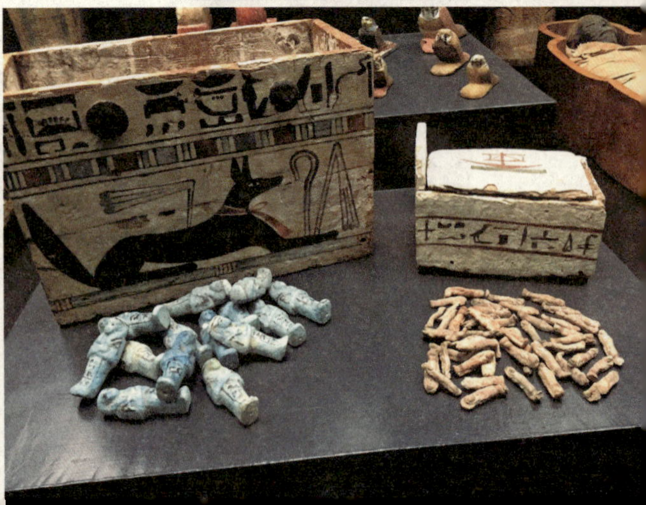

贝维德雷的躯干
Belvedere Torso

在古希腊哲学家与艺术家眼里，人体是自然世界的一部分，是最具匀称和谐、庄重优美特征的审美对象。在古希腊艺术中，人体雕塑随处可见且达到了极高的艺术水平。

《贝维德雷的躯干》被誉为巴特农雕塑时代前最逼真的人体雕塑作品，在文艺复兴时期的罗马被发现，现为梵蒂冈博物馆的馆藏。

古代罗马雕塑，带给米开朗琪罗许多灵感。《贝维德雷的躯干》是古典雕塑中一件享有盛名的代表作。

我很早就从书上看过这尊雕塑的介绍，但我不记得它就在梵蒂冈博物馆，所以当我进到缪斯馆，看到它的那一刹那便惊叹“啊，原来你在这里”。我完全被它无与伦比的艺术表现力所征服。它立在展厅的正中央，其实外围的墙边还有其他雕塑，但此时，我的眼里似乎只有它。

梵蒂冈大主教

方济各的父母是意大利皮埃蒙特人。父亲马里奥是一名铁路工人，母亲雷吉纳是一名家庭主妇。这位教宗以他的福音简朴性与和蔼可亲的性格而出名。

教宗方济各作为一个真正的阿根廷人，也热爱探戈舞和足球，至今仍是阿根廷首都圣洛伦索足球俱乐部的球迷。

MVNIFICENTIA·PII·SEXTI·P·M
COMMEDIA

对于这些大理石雕像的评价，此处省略2000字。

我看见了上帝

《创世纪》是米开朗琪罗在西斯廷礼拜堂大厅天顶的中央部分，按建筑框边画的连续9幅宗教题材的壁画。这幅巨型壁画创作，历时长达4年多。画面面积达14x38.5平方米，画题均取材于《圣经》开篇故事。分别为《神分光暗》《创造日、月、草木》《神分水陆》《创造亚当》《创造夏娃》《原罪和逐出伊甸园》《诺亚献祭》《大洪水》《诺亚醉酒》。画面由以上9幅中心画面和众多装饰画部组成，共绘有343个人物。

注：梵蒂冈博物馆文物众多，有12个陈列室和5条艺术长廊，整个参观线路有6千米长，一般的参观一次要四五个小时。通常的参观线路是：中庭接待室——二楼花园广场——埃及馆——凯撒馆——新翼陈列室——八角亭——缪斯馆——希腊十字馆——古地图馆——挂毯馆——拉斐尔画室——西斯廷教堂，最后从螺旋楼梯出来。

《创造亚当》是西斯廷教堂天顶画中最著名的一幅。其在绘画风格上，构图更加具备形式感。上帝悬浮于空中，把生命传送给这个完美的人类，以表达完美与神力的主题。亚当从无生命的混沌中醒来，慢慢地将身体舒展开，手指迟疑地指向上帝静止的手指，仿佛意志与能量将在此刻交换。二者手指间微小的距离似乎能迸发出无穷的能量。

20160131

圣天使堡

Castel Sant'Angelo

圣天使堡是建造在台伯河畔的一座陵墓，于公元2世纪由罗马皇帝哈德良亲自设计并指挥建造，作为他自己以及继承者的安息之地。

圣天使堡前横跨台伯河的圣天使桥是罗马最美的桥梁之一，桥上有12尊天使的雕像，每个天使手上都拿着一样耶稣受刑的刑具，这12尊天使都出自贝尼尼之手。

22 | DOMENICA 31 GENNAIO 2016

SpettacoliaRoma

Centro storico

Il clarinetto di Mirabassi tra gli standard di Gershwin

■ È dedicato al jazz americano di grandi come George Gershwin e Duke Ellington il concerto in programma oggi alle 12 all'Eliseo. Nell'ambito della rassegna «Prediamo nota» si esibiranno sul palco di via Nazionale Gabriele Mirabassi, uno dei più apprezzati clarinettisti italiani e il pianista Stefano Micheletti da tempo assiduo frequentatore della musica pianistica di Gershwin. I due interpreteranno tre importanti trascrizioni dei Preludi di Gershwin, realizzate appositamente per l'occasione dagli originali per piano solista. In particolare la scaletta del concerto prevede «Havanola», e «I' ve got a crush on you», interpretata anche da Sinatra, ma anche «Come Sunday» di Duke Ellington e il celebre «The Britwood Rag» di Eubie Blake. Sul palco si esibiranno anche quattro studenti del Conservatorio, allievi di Micheletti: Hersjana Matmuja, Maria Cristina Granata, Valentina Prosperi, Annibale Marchesini.

Fab. Fin.

ELISEO
Via Nazionale 183
Oggi alle 12

...rno alla Pontificia Università

...su Tommaso da Celano ...grafo di San Francesco

■ All'Auditorium della Pontificia facoltà teologica San Bonaventura Seraphicum (dei Frati Minori Conventuali) si è svolto il convegno internazionale «Tommaso da Celano Agiografo di San ...co». L'incontro è nato con l'intento di ...e, grazie a noti francescanisti, gli scritti ...agiografo del Santo poverello, il frate abruzzese Tommaso da Celano e così arrivare ad un approfondimento della figura del Santo di Assisi e della realtà sorta attorno ...

ARTE

Avanguardia

Il fiore di loto conquista la piazza

■ L'effetto è surreale e quasi grottesco, ai limiti del kitsch. Una specie di enorme ed esotico gioco da luna park sembra sbarcato da chissà dove nel bel mezzo di Piazza San Silvestro.

È il gigantesco «Golden Lotus» dell'artista coreano Choi Jeong-hwa, un enorme fiore di plastica dai petali dorati che sembra respirare, aprendosi e chiudendosi, gonfiandosi e sgonfiandosi, per la gioia soprattutto dei bambini.

Dall'altro giorno e fino a domani, l'opera, con i suoi dieci metri di diametro, ha temporaneamente lasciato il Museo MAXXI di via Guido Reni e la mostra «Transformers» per portare simbolicamente l'idea ... arte contemporanea in

金莲花征服广场

在我们下榻的酒店对面的一个广场上，我看见有几个年轻人在安装一个大型装置。第二天再去看的时候已经竣工并开始运行，充气的金色莲花的花瓣会缓缓地展开和闭合（内部有金属构架和电动装置），夜晚在灯光的照射下格外漂亮。当天的报纸就有了报道：金莲花征服广场。

金莲花的后边就是咖啡馆，每天结束游览我都会来这里点一杯咖啡，我喜欢的意式浓缩，一杯只要1欧，而一瓶可口可乐却要2.5欧。今天是最后一晚的告别咖啡。店里的伙计都很喜乐，他们问我是不是日本人，我说是中国人。他们见我拍照就摆出这样的pose，还要过相机给我也拍了一张。

Caffè del Doge
Il Caffè di Venezia
Zucchero grezzo di canna
Raw cane sugar
Caffè Rialto
Amadi & Sambucco
Cane sugar - Sucre de canne
COLUMBUS
Italia Zuccheri
GREZZO, AUTENTICO, NATURALE
CAFFÈ
MOKARICO
FIRENZE
zucchero bianco
Zucchero di canna
NATURA'S
www.gelgroup.net
ZUCCHERO SEMOLATO
COLLEZIONE 2015
Giuseppe De Rossi
NON VENDIBILE SINGOLARMENTE
Guarda
Zucchero - Conf. non vendibile singolarmente
Sale Salt Sel
Sal Salz
BIANCO
VIANDER
Zucchero di canna
illy
www.marzialicaffe.com
dal 1922
MARZIALI CAFFÈ
via S. Gennaro, 56 - 00138 Roma
tel. 068800600
KEEP
CALM
ICI,
ON SE LA
COULE DOUCE
Assaggiami...

每天三餐都要点一杯咖啡，尽管品不出它们之间的差别，但还是喜欢它的情调。

德意咖啡德意糖

Caffè al giorno

每天咖啡

每家都有自己的甜

9:45 乘空港大巴抵达罗马机场

10:20 在值机柜台办登机手续

托运行李，两个旅行箱合重44.5公斤

行李限重23公斤 / 每人

查看航班信息板，确定登机口

根据导向牌指引，顺利来到登机口候机

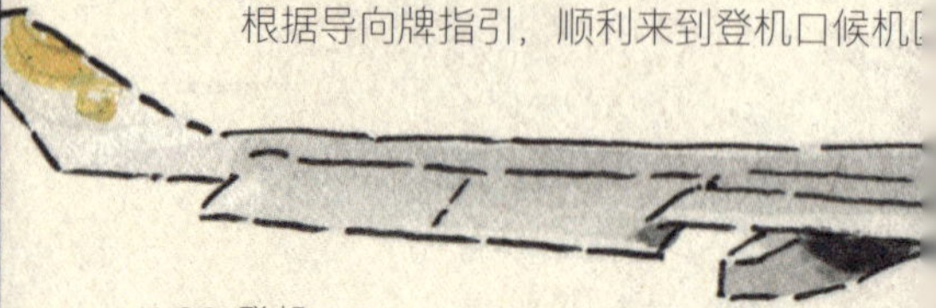

11:30 登机

11:50 起飞

海南航空
Hainan Airlines

空姐送饮料的时候，拿来的是全白的纸杯，我想不通海南航空怎么会用这样的杯子，形象呢？难道没有设计VI视觉系统？如果说定制塑料杯不够环保，那咱就用纸杯，也说得过去，但纸杯上连个logo都不印，那就太随便了吧？完美的视觉形象是对消费者的尊重，更是对自己的尊重。

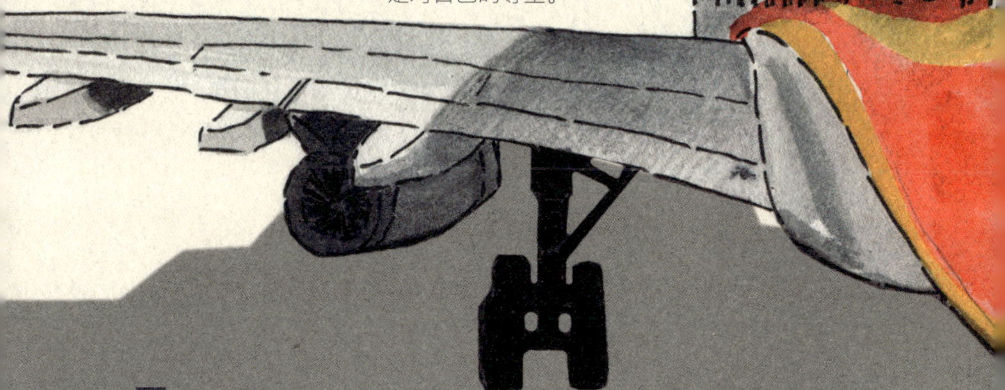

day14.回家

2016-02-01

day 15.

2016-02-02

2月2日凌晨到达重庆机场，航空公司安排的转机休息宾馆就在机场对面，办好入住手续赶紧休息。

当天晚上19:55在重庆江北机场起飞，22:45到达杭州萧山国际机场，取到行李后乘民航大巴离开机场，回到家已经是2月3日凌晨时分。

旅行结束

2月3日早上9点多，就迫不及待地去接阿丑回家。来到易明的店里，阿丑一看见我们，一下从70厘米高的围栏里跳了出来，扑到我怀里对着我的脸一通乱舔，这就是它最亲昵的举动。

回到家给阿丑洗了个澡，我走到哪里它跟到哪里，生怕我再离开它。这次是阿丑第一次离开我们这么久"独立"生活，真是难为阿丑啦。其实我们也是每时每刻惦记着它的。

day 16.

2016-02-03

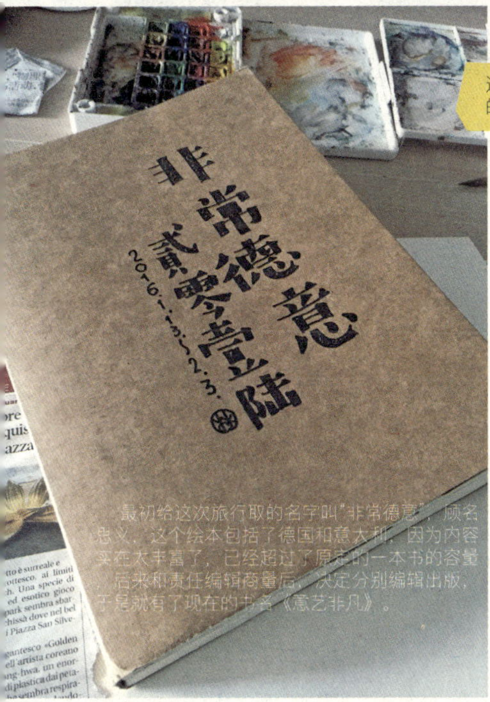

最初给这次旅行取的名字叫"非常德意"，顾名思义，这个绘本包括了德国和意大利，因为内容实在太丰富了，已经超过了原定的一本书的容量，后来和责任编辑商量后，决定分别编辑出版，于是就有了现在的书名《意艺非凡》。

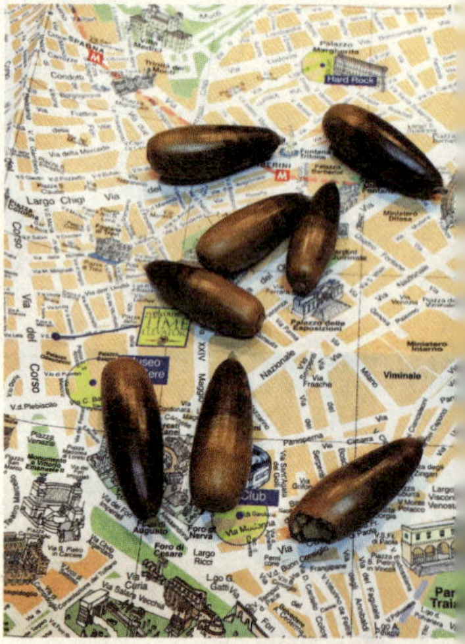

有朋友告诉我，从意大利韦内雷港带回来的植物叫长寿花，我们这里也有。

绘本在不断完善，花已经慢慢地绽放了。

回来就开始整理绘本以及带回来的资料。阿丑时刻陪在我身边。它似乎也在期待我的绘本早日完成出版。

阿丑会经常要求趴在桌子上看我画画，就像一个喜欢画画的孩子。那就让我们共同期待新的一本“边走边画”旅行绘本早日与大家见面。

中国
最美旅游图书
设计奖

2019

银奖

"边走边画"旅行绘本系列丛书

《日本字游行》《蓝色土耳其》
《情遇尼泊尔》《台湾漫游》

书籍设计：王晓林
浙江工商大学出版社
浙江人民美术出版社

Book Design: Wang Xiaolin
Zhejiang Gongshang University Press
Zhejiang People's Fine Arts
Publishing House

Silver Medal

中国出版协会　书籍设计艺术工作委员会

China's Most Beautiful Travel Book Design

中国出版协会
装帧艺术工作委员会

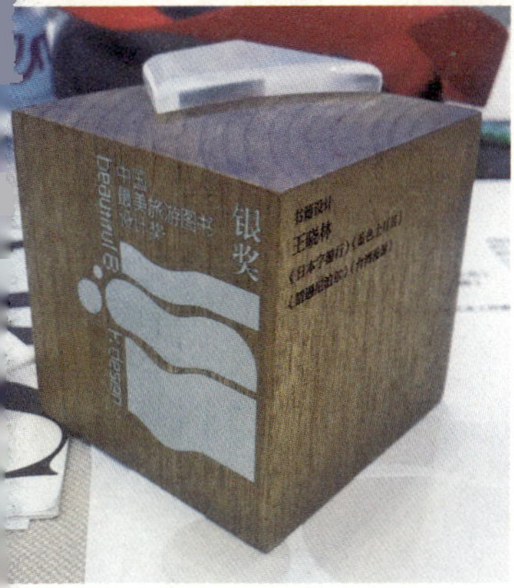

3 | 1 2 / 4 5

1. 颁奖嘉宾黄永松先生（台湾《汉声》杂志总策划及艺术指导）
2. 书展现场
3. 获奖证书
4. 奖杯
5. 与书籍装帧设计大师吕敬人先生合影

后 记

在《意艺非凡》进行到最后的校对阶段时，传来了一个令人欣喜的好消息，我的“边走边画”旅行绘本系列丛书荣获第一届“中国最美旅游图书设计奖”银奖。

“中国最美旅游图书设计奖”是今年海南岛国际图书（旅游）博览会设置的唯一专业奖项，也是中国出版行业第一次对旅游类图书设计的评奖，经过历时两个多月的全国作品征集，组委会共收到700余种旅游图书。

2019年11月15日，我应邀去海南三亚参加颁奖典礼。颁奖典礼上书籍设计大师吕敬人先生介绍了奖项设置和评选标准，并为获奖者颁发奖杯和奖状。吕敬人先生微笑着对我说：“你这套书非常生动，要继续做下去。”这是对我最大的激励，我将继续边走边画，尽心打造“边走边画”这一品牌，感受、记录、传播生活的美，让更多的人分享生活的美。

图书在版编目（CIP）数据

意艺非凡 / 王晓林绘著. — 杭州 ：浙江工商大学出版社，2020.4
（边走边画旅行绘本系列）
ISBN 978-7-5178-3781-7

Ⅰ. ①意… Ⅱ. ①王… Ⅲ. ①旅游指南
Ⅳ. ①K954.69

中国版本图书馆CIP数据核字(2020)第038920号

意艺非凡
YI YI FEI FAN
王晓林 绘著

边走边画微店　　边走边画公众号

出 品 人	鲍观明
责任编辑	沈　娴
责任校对	费一琛
装帧设计	王晓林
责任印制	包建辉
出版发行	浙江工商大学出版社 (杭州市教工路198号　邮政编码 310012) (E-mail：zjgsupress@163.com) (网址：http：//www.zjgsupress.com) 电话：0571-88904980，88831806（传真）
排　　版	林与慧品牌设计咨询事务所
印　　刷	浙江海虹彩色印务有限公司
开　　本	889mm×1194mm 1/32
印　　张	9.125
字　　数	106千
版 印 次	2020年4月第1版　2020年4月第1次印刷
书　　号	ISBN 978-7-5178-3781-7
定　　价	68.00元

版权所有　翻印必究　　印装差错　负责调换
浙江工商大学出版社营销部邮购电话 0571-88904970

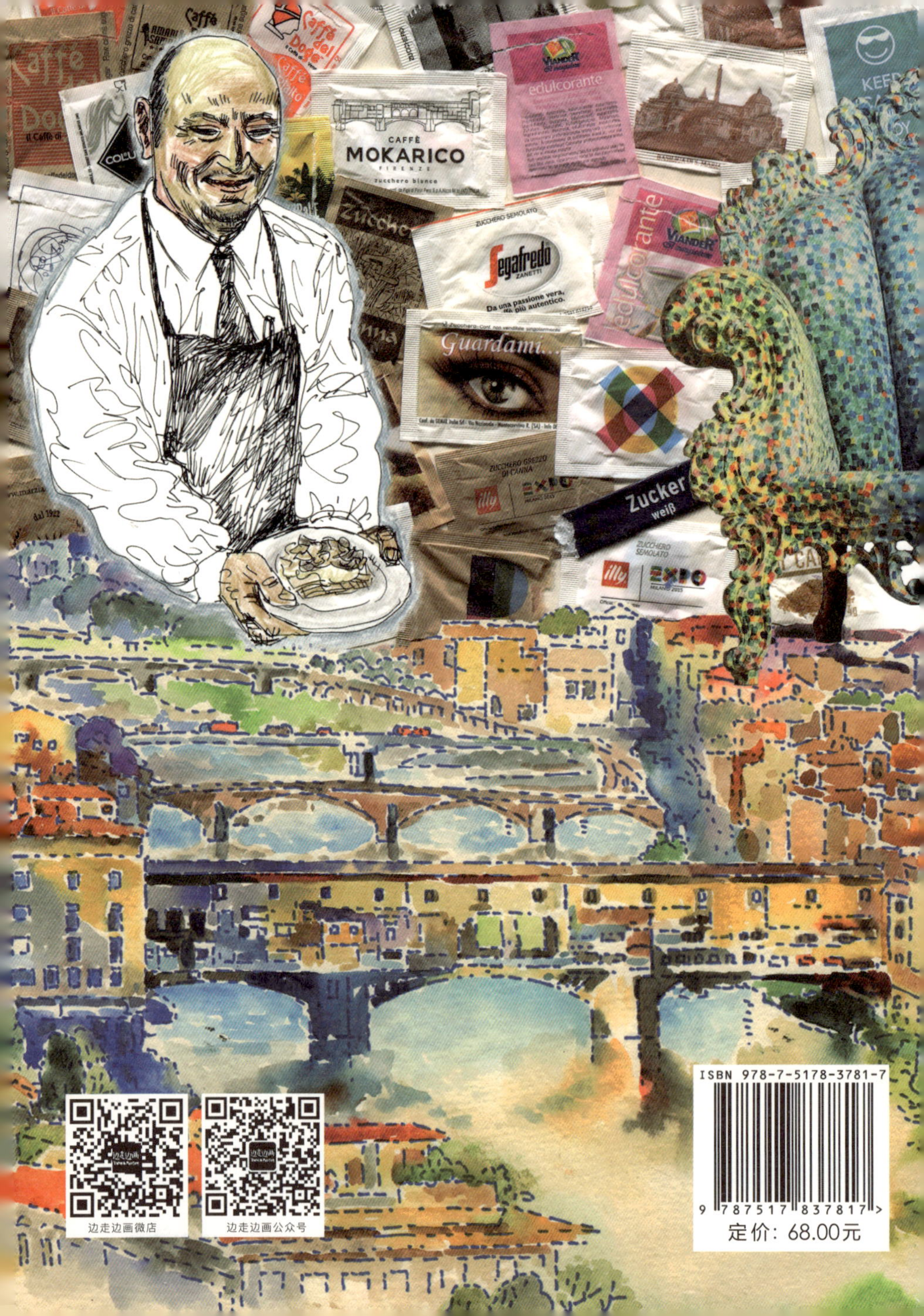

边走边画微店

边走边画公众号

ISBN 978-7-5178-3781-7

定价：68.00元

To: 省 市 区

边走边画
Travel&Painting

边走边画微店

边走边画公众号

From:

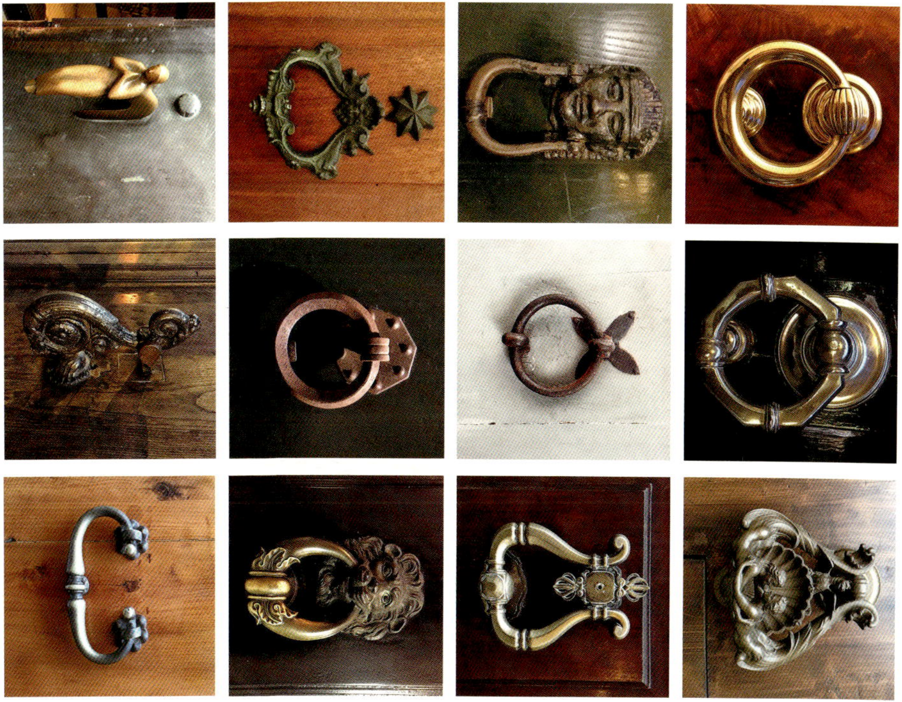

边走边画®
Travel&Painting

To: 省 市 区

From:

边走边画微店

边走边画公众号

Hello Italy

边走边画®

Travel&Painting

芬兰建筑设计师Juhani Pallasmaa说：门环，是“与房屋的握手”，当你的手握住它们，就仿佛向建筑的主人道了一声“Hello”。

游走意大利，偶然发现了门上的图腾，它们形态各异：传统的，时尚的；破旧的，簇新的；鲜艳的，黯淡的；华美的，质朴的；威风凛凛的，纤细秀美的。每个门环都是一座建筑的序曲，握住它，推开门，后面就是“他们的生活乐章”，门环与建筑风格的和谐搭配，也表现了主人的气质与审美。

欧洲门环（把手）基本为金属材质，以铜和铁为主，有铸造的也有打制的。最基本造型的是“圆环”，欧洲的门把手被欧洲人做尽了文章，加入了狮子、女神、植物等元素，为门环注入了生命。门环大概跟我们的门神一个道理，祈祷他们能镇守宅院，带来吉祥。

边走边画®

Travel&Painting

Design by Wang xiaolin 2020.4

To: 省 市 区

边走边画
Travel&Painting

边走边画微店

边走边画公众号

From:

To:　　　省　　　市　　　区

边走边画
Travel&Painting

边走边画微店　　边走边画公众号

From:

To: 省 市 区

边走边画
Travel&Painting

边走边画微店　边走边画公众号

From:

To:　省　市　区

From:

边走边画®
Travel&Painting

边走边画微店
边走边画公众号

边走边画

Travel&Painting

To: 省 市 区

边走边画微店

边走边画公众号

From: